EXCURSION

DANS LA

HAUTE KABYLIE.

ALGER. — TYPOGRAPHIE ET LITHOGRAPHIE BASTIDE

PLACE DU GOUVERNEMENT

EXCURSION

DANS LA

HAUTE KABYLIE

ET

ASCENSION

AU

TAMGOUTT DE LELLA KHEDIDJA

PAR

UN JUGE D'ALGER EN VACANCES.

ALGER

BASTIDE, LIBRAIRE-ÉDITEUR

PARIS	MADRID
CHALLAMEL, Libraire-Éditeur	Don Victor MONTEJO, Libraire
CONSTANTINOPLE	BRUXELLES
OLLIVIER, Imprimeur-Libraire	SCHNÉE, Libraire

LEIPSICK
BROCKHAUS ET Cⁱᵉ, LIBRAIRES

1859

Mes chers Amis,

Vous vous plaignez de ce que vous appelez, fort irrespectueusement, ma paresse. Cette fois vous ne vous en plaindrez plus. Je vais vous raconter, en *détail*, l'ascension que je viens de faire, *seul, comme toujours*, sur le plus haut des pics du Djurjura.

Je commence ; gare la bombe !

Alger, le 11 août 1855.

Quelle chaleur ! quelle chaleur ! quelle chaleur ! On grille ici le jour, et l'on y cuit la nuit. Si j'allais un peu respirer l'air au dehors, à la campagne? Le tribunal n'est-il pas en vacances? Tous mes collègues sont partis; la vapeur les a ramenés dans la métropole. Ils m'ont délégué, il est vrai, pour garder le sanctuaire et entretenir tout doucement le feu sur son autel. Ils devaient bien cette haute marque de déférence à leur doyen. Mais si le doyen, glissant la clef sous la porte, allait, entre deux audiences, humer un peu d'air kabyle! L'autel, pendant huit jours, sera désert et l'atmosphère, d'ailleurs, n'est pas au crime, ni au délit, ni même à la chicane — partons. Mais où aller? Huit jours de liberté, pas plus : c'est trop pour une petite promenade et pas assez pour une grande.

Voyons, si j'allais à l'oued Corso, visiter la ferme nouvellement construite? De là je pourrais pousser jusqu'à Dra el-Mizan, voir comment le capitaine Beauprêtre est installé dans son nouveau castel et lui manger, par la même occasion, sa provision de miel kabyle en rayon. C'est un vrai service d'ami que je lui rendrai; car, je vous le demande un peu, à quoi peut servir à un zouave une provision de miel? à moins que ce ne soit pour prendre des mouches petites ou grosses; c'est décidé, arrêté!

Mais pas un cheval, un chameau, un mulet; pas le moindre, le plus chétif aliboron ou bouricot comme on appelle ici le pauvre, mais philosophe animal. Allons au marché kabyle, marché aux huiles, hors la porte Babazoun; quoique ce ne soit pas la saison des arrivages, je trouverai cependant bien quelque marchand retardataire, s'en retournant dans ses montagnes. Ils sont, il est vrai, passablement crasseux, huileux, et, disons le mot, pouilleux, ces messieurs. Après tout, comme ce n'est pas leur dos qui me servira de véhicule, mais bien celui de leurs bêtes, beaucoup plus propres, cela m'est presque indifférent. C'est décidément le meilleur moyen, d'autant meilleur que je n'en ai pas d'autre.

Justement voilà Chérif, espèce de courtier, moitié maure, moitié biscri, prenant de toutes mains; il m'aperçoit et me sourit de son sourire carottier

(carottier est un mot de zouave, de troupier, qui a parfaitement pris, ainsi que la chose qu'il exprime, parmi les indigènes, et où il a cours, bien plus que les mots probité, intégrité).

« Y a-t-il une occasion pour l'oued Corso » ? — « Oui; ton Kabyle est ici, il est allé faire boire sa mule; le voici qui revient. » — « *Ou ach halek, ou ach enta.* » (Bonjour, comment vous portez-vous ?) — « Enchanté de te voir bien portant, ainsi que ta bête. Veux-tu partir demain ? » — « Un *roumi* (chrétien) a retenu ma mule; mais je partirai avec toi, si tu me donnes dix francs. » — « Merci de la préférence; elle est flatteuse, pour ma bourse. Sois donc à ma porte à trois heures du matin avec ta bête; si elle pouvait même venir toute seule, j'aimerais mieux cela, toi tu irais en avant. » — « *Policia chappar moi,* » ces mots ne sont ni arabes ni kabyles, mais du sabir le plus pur, ou plutôt le plus impur. Le sabir est un espèce de baragouin, parlé, c'est-à-dire baragouiné sur les petits marchés, entre nos ménagères et les indigènes vendeurs d'œufs, de beurre, de légumes, de fruits, etc., et à l'aide duquel, ou plutôt malgré lequel ils se comprennent; parce qu'il est accompagné, accentué ou même interprété de gestes significatifs, ainsi l'une indique la chose qu'elle veut acheter; l'autre en indique avec les doigts le prix, et l'on finit ainsi par se comprendre, non pas toujours cependant sans quelques légers quiproquos. La police me prendrait, me pincerait. — Cela fait l'éloge de la police : mon drôle craint d'être arrêté. Au fait, il a bien une mine à cela ; est-ce qu'il l'aurait déjà été arrêté, qu'il est si prudent? diable! — « Alors je t'offre mon toit ; c'est le mot et la chose pris dans leur sens réel et non figuré ; mais, au lieu de coucher dessous, tu coucheras dessus, mon toit étant une terrasse ; comme cela tu seras plus tôt réveillé et tu me réveilleras. »

Il est à ma porte à huit heures du soir ; je le fais attendre deux heures ; puis je l'installe sur ma terrasse à la clarté des étoiles. Je lui cède ma paillasse. Il me demande quelque chose pour mettre sous sa tête : il a vu un oreiller ; je lui en donne un rembourré de paille : décidément le Kabyle progresse dans le luxe et le confortable, lui qui dort toujours sur la terre nue, la tête, quelquefois plus bas que le corps, enveloppé seulement dans son burnous...., quand il en a un. — « Tiens, voilà du pain et du tabac, il sourit, et un morceau de sucre. » — Cette douce attention le touche jusqu'au fond de l'estomac. — « Maintenant, dors jusqu'à demain, trois heures.... pas plus tard! »

J'ai à écrire, mon paquet à faire, une foule de petites choses à mettre sous clef. Je prends du café, pour m'empêcher de dormir ; j'en ferais bien prendre à mon animal de Kabyle, mais il vaut mieux le laisser dormir : il aura à marcher demain. Les heures de la nuit s'écoulent rapidement.

Déjà les maisons tremblent au passage des lourdes

voitures charriant lentement, mais sans cesse, dans la mer les rochers de la Boudjaréah, pour former l'enceinte du port — Petit à petit l'oiseau fait son nid : un des môles est terminé ; l'autre commence à s'élever du fond de la mer ; je crois maintenant aux géants renversant des montagnes. Si je faisais encore des bonshommes, comme dans mon enfance, je croquerais notre habile ingénieur, M. Ravier, faisant rouler la Boudjaréah dans la mer à l'aide d'un levier : la science, et d'un point d'appui : l'argent. Je digresse.

Une ronde de police passe sans bruit sous mes fenêtres : c'est un agent suivi de trois ou quatre hommes, recrutés parmi les différentes nationalités indigènes habitant momentanément Alger ; ils marchent nu-pieds, armés de bâtons. Au moindre bruit la ronde s'arrête et court sus à tout individu d'allure suspecte ; s'il se sauve, il est bien vite happé par ces espèces de limiers, moitié renards, et conduit à la police, où M. le central, fort actif malgré son bel embonpoint, procède à son examen de conscience et autre. S'agit-il de crimes atroces, de criminels dangereux et adroits, M. le central lance le brillant et hardi empoigneur Jaume et le prudent, mais solide, Souriau.

Mais j'entends mon homme qui s'éveille, à l'heure dite, sans autre réveil-matin que son instinct. Je le charge de ma selle, de mon porte-manteau bien bourré, de mon burnous et d'un *couffin*, panier en feuille de palmier-nain, rempli de pains et de petits biscuits de mer, et lui dis d'aller m'attendre à la Maison-Carrée, où j'irai le rejoindre en omnibus. Le jour me surprend achevant mes préparatifs de départ; il faut cependant que j'attende l'ouverture du greffe pour aller y signer un ordre, que j'avais donné à copier et qui ne l'était pas hier; ce n'est pas tout, j'ai encore une petite visite à faire à M. le notaire, non pour déposer entre ses mains mon testament, mais dans son coffre-fort, qui n'est pas sans fond, quelques centaines de francs; une poire pour la soif. Je prends sur moi trois bourses mauresques : une petite verte, où je mets trois cents francs en or ; une petite bleue, que je remplis de petites pièces de quatre sous, cadeaux destinés à mes petits hôtes kabyles, et une grande rouge; où je mets cent francs en pièces de cinq francs toutes neuves et autres monnaies. Enfin, me voilà prêt; mais comme le temps a filé vite ! il est onze heures du matin ; je suis en retard !

Je monte en omnibus; quinze sous pour trois lieues; une Espagnole, du second âge, y a déjà pris place : elle a tout rempli de paniers de provisions et paraît contrariée de ce que, entre elle et moi, je mets mes sacoches sur la banquette ; elle s'impatiente de ce qu'on ne part pas, criaille; ne veut pas qu'on attende un troisième voyageur; nous partons. Bon ! maintenant elle crie d'arrêter, parce qu'elle vient d'apercevoir un individu de son espèce, mais d'un autre sexe. Tout cela pour ses quatre sous. Il est bien heureux pour le pauvre monde que cet être-là ne soit pas millionnaire : il serait insupportable. Nous allons bon train. Ces pauvres petits chevaux arabes, tout vieux et tout éreintés qu'ils sont, vont cependant toujours au trot et au galop ; c'est une excellente race pour le service et l'agrément.

La route d'Alger à Mustapha n'est, pour ainsi dire, qu'un faubourg ; elle est très-fréquentée par des piétons, des cavalliers et des voitures. Celle de Mustapha à la Maison-Carrée l'est moins ; elle traverse constamment des jardins maraîchers, en plein rapport et cultivés par des Espagnols, des Mahonnais et quelques Maures. Des *norias*, espèce de puits à chaînes, munies de godets en terre, dont la roue est mue par un mulet, servent à les arroser. Ces jardins fournissent déjà à Marseille et même à Paris, dès le mois de janvier, des primeurs, tels qu'artichaux, petits pois ; c'est une branche de prospérité algérienne sur laquelle on ne comptait guère. A droite, sont les charmants coteaux de Mustapha et de Kouba, aux flancs desquels sont parsemées coquettement des maisons de campagne mauresques toutes blanches, avec leurs bouquets d'orangers, de citronniers, de figuiers et de grenadiers. Au mois d'avril, ce paysage est très-joli, très-varié et très-riant ; à gauche s'étend la mer avec ses lointains et profonds horizons.

Les Mahonnais, sous ce nom on désigne tous les habitants des îles Baléares, valent pour la plupart, comme colons, mieux que beaucoup des Espagnols venus du continent, et cela sous bien des rapports. Ils ont plus de douceur dans le caractère et dans les mœurs ; ils sont plus laborieux, plus propres, plus rangés : leurs femmes et leurs filles sont souvent assez gentilles ; elles ne sont pas très-grandes, mais elles sont généralement bien faites et ont une jolie taille. Ils ont le monopole du jardinage, et leurs filles celui de la domesticité. Je ne vous parle pas ici du Jardin d'Essai, que je viens de longer, il y aurait trop à dire ; il est très-vaste ; très-bien entendu, et rend tous les jours de grands services à la colonisation sous l'habile et savante direction de M. Hardy.

Nous arrivons à la Maison-Carrée : c'est une construction mauresque. Imaginez-vous une grande cour entourée de bâtiments qui, à l'extérieur, ressemblent à des murs ; elle est située non loin de la mer sur un tertre dominant une partie de l'immense et fameuse Mitidja. C'était, sous les Turcs, la résidence d'un poste qui surveillait cette plaine ; au bas sont bâties une dizaine, ou plus, de maisons françaises, en grande partie occupées par des débitants ; c'est là que doit m'attendre mon Kabyle. Je ne le vois pas apparaître : voyons au café maure ; j'y reconnais sa mule à mon bagage dont elle est chargée. On me dit qu'il est retourné à Alger : il y a quelque petite ruse et quelques mensonges là-dessous ; tant pis pour lui ! j'ai sa bête et mon bagage ; je partirai sans lui. Un jeune Maure offre de m'accompagner et de me louer son cheval. « Combien ? » — « Dix francs. » — Dix francs ta rosse ! je ne voudrais pas de la bête elle-même à ce prix. » — « Cinq francs ? » — « Non ! » — « Tant mieux, c'est autant d'économisé. »

Le roumi, dont m'a parlé hier mon Kabyle, est un Maltais de vingt-cinq à vingt-sept ans, de bonne mine, proprement vêtu et muni d'un mulet en bon état. Nous partons ensemble. Le Maltais est actif, très-économe; il est portefaix, batelier, pêcheur, journalier même ; il fait le commerce de détail ; il se livre aussi avec succès et profit à la petite industrie des pâtes, dites d'Italie, et de la minoterie à moulin à manége ; toutefois, il est à surveiller pour le poids, la mesure et qualité des marchandises ; mais il n'est pas voleur, dans l'acception rigoureuse du mot, et encore moins assassin pour voler. Cependant, les individus de la populace sont vindicatifs et meurtriers, mais entre eux et par vengeance; lorsqu'ils se battent, ils se mordent comme des chiens et avec plus de cruauté, jusqu'à se couper un doigt, le nez, l'oreille, ce que peuvent atteindre les dents. Ils se donnent même des coups de couteau, moins proprement, il est vrai, moins mortellement que les Espagnols, qui sont passés maîtres dans ce genre de combat. Il est rare, en effet, qu'un Espagnol manque son homme du premier coup. J'ai eu occasion de faire quatre informations contre des Espagnols pour meurtres différents : tous quatre avaient tué leur homme d'un seul coup.

Mais revenons à mon Maltais. Il me dit son nom : c'est le fils d'un négociant d'Alger ; il va à Dellys, où il a établi un moulin. Je crois qu'il est bien aise de ma rencontre.

Ma mule est prête : au moment de partir, j'aperçois de la fumée s'élever et s'étendre sur le bord de la route, à vingt mètres de nous ; c'est un commencement d'incendie. J'accours et piétine des débris de paille et de foin prenant feu comme de l'amadou. Le cafetier apporte un bidon d'eau ; mais le feu s'est étendu en couvant et reparaît à quelque pas. A trente mètres et sous le vent sont deux énormes meules de foin. Nous recommençons à piétiner et à arroser, et cette fois nous l'éteignons tout à fait. C'est, sans doute, quelque imprudent fumeur qui aura jeté un bout de cigare encore allumé. Le propriétaire des meules nous doit un fameux cierge, il est fort heureux pour lui que le hasard m'ait arrêté plus longtemps que je ne le devais en cet endroit.

Mon jeune Maure me voyant décidé à partir sans lui, m'amène son cheval, pour ce que je lui ai offert, et je l'enfourche, le cheval. Lui monte la mule, qui est passablement chargée ; il la poussera mieux que moi. Nous n'avons pas de temps à perdre pour ne pas être surpris par la nuit.

A deux heures nous quittons la Maison-Carrée. A mesure que nous avançons, je suis frappé des progrès qu'ont fait depuis trois ans la colonisation et l'agriculture : de vastes terrains, couverts à cette époque de broussailles, sont aujourd'hui défrichés et mis en culture ; on y a laissé seulement de jeunes oliviers sauvages. La route de la Kabylie, nouvellement ouverte, a porté le mouvement, la vie là où il n'y avait que solitude ; elle facilite, elle rend possible l'extraction et l'enlèvement des foins des prairies et des produits des autres cultures. Elle assainit et fertilise les parties basses et marécageuses, par l'écoulement dans les fossés, creusés de chaque côté, pour fournir aux remblais, des eaux stagnantes et croupissantes.

Nous passons devant la Maison blanche, puis devant un groupe de nouvelles maisons françaises. C'est un commencement de village au milieu des Arabes, dont les gourbis et les cultures sont situés aux environs. Dans quelques années nous saurons définitivement à quoi nous en tenir sur la possibilité de faire vivre les deux races en bon accord, juxtaposées. Je crois tout possible avec le temps et l'argent, je veux dire l'intérêt. Il est vrai que, dans cette partie de la Mitidja, la race arabe n'est pas pure ; elle s'est mélangée à la race Kabyle, bien plus susceptible de progresser en agriculture et de s'assimiler à cause de quelque analogie de mœurs et de besoins avec nous.

A la différence de l'Arabe, qui n'a qu'une habitation mobile, sa tente, qui est surtout pasteur et ne cultive qu'à la charrue un sol dont il n'a pas même la propriété personnelle, le Kabyle est sédentaire, cultive à la charrue et à la houe la terre, dont il a l'entière propriété par suite d'héritage ou d'acquisition. — Ici l'Arabe, déjà mêlé au Kabyle, habite sous la tente et sous le gourbis, espèce de vaste chaumière faite de branchages mêlés de boue et couverte de chaume. Il cultive à la fois avec la charrue et avec la houe ; il a des arbres et même des espèces de jardins clos de haies de figuiers de Barbarie.

Nous rencontrons un Arabe à cheval ; il nous offre un lièvre pour trente sous : « En veux-tu vingt ? » — « Non. » — Il s'éloigne. — « Vingt-cinq ? » Il revient au galop : marché conclu. Quoique mon Maltais me dise que nous trouverons à souper à la ferme de l'oued Corso, *(oued,* rivière) ; il est toujours prudent de s'assurer des réserves : vaut mieux un plat de plus qu'un plat de moins, surtout quand on ne compte que sur un.

Nous mettons pied à terre devant un café arabe, situé à côté de la route près d'un figuier. C'est un gourbis, à claire-voie, d'un aspect pittoresque. Il y a assez nombreuse société de venants et d'allants qui s'y arrêtent pour causer quelques instants, apprendre ou répéter des nouvelles. Les habitués de ces établissements, qui sont presque toujours des surveillants des bureaux arabes, sont accroupis, occupés, tout en jasant, les uns à extraire les filaments des feuilles de palmiers-nains pour en faire des ficelles, des cordes, des couffins, des nattes ; les autres à tresser de minces lanières de cuir blanc, je crois de cheval, pour étrivières : d'autres ne font rien du tout, si ce n'est bavarder, ou dormir, ou observer. Nous prenons du café dans de petites tasses de faïence commune : c'est un sou la tasse.

Pendant que je regarde un cheval, le Maltais paie la consommation. Diable, quelle prévenance! — Il est assez amusant, l'insulaire; il parle arabe comme un naturel et chante des chansons mauresques à la grande satisfaction de mon jeune Maure et des passants. Décidément il n'est plus question de mon Kabyle; je ne sais où il a passé; mais il se retrouvera ce soir, car j'ai sa bête.

Nous sommes à environ huit lieues d'Alger; la culture française a déjà pénétré au milieu des terres occupées et cultivées par les indigènes; voilà encore une maison de ferme qui a été récemment bâtie; de belles meules de blé, non encore battu, révélant la prospérité, se dressent heureusement devant la maison dans une espèce d'enceinte, formée par un petit fossé. Tout autour et à une certaine distance, les terres sont cultivées.

A mesure que nous approchons des montagnes, la culture européenne disparaît, la culture arabe elle-même devient rare; la terre est couverte de broussailles claires et peu élevées, parmi lesquelles on remarque l'olivier sauvage; on pourrait en tirer bon parti en le greffant et en défrichant la terre. Le sol n'est pas de bonne qualité pour les céréales et exigerait beaucoup d'engrais pour le devenir. Il est raviné par les eaux torrentielles de l'hiver. Les broussailles, presque annuellement incendiées, sont parcourues et pâturées par les troupeaux. Faute de bons pâturages, le gros bétail devient rare ; la chèvre remplace la vache ; encore donne-t-elle peu de lait, étant petite et toujours à la recherche d'une maigre nourriture. La journée s'avance, hâtons le pas.

Une femme chargée d'une outre et tenant un enfant à la main, passe comme une ombre à travers les broussailles. Un homme, sans doute son mari, la suit à cheval ; il va le faire boire ; la femme va chercher de l'eau, elle, pour faire boire son mari. Je crois vraiment que si ce n'était une espèce de respect humain, les hommes se feraient porter par leurs femmes, à défaut d'animal de somme.

Quand je fais de ces rencontres, je suis saisi d'une furieuse envie de tomber à coup de trique sur le tendre époux, de le faire descendre et de faire monter l'épouse à sa place. Si j'étais chasseur d'Afrique, je me serais certainement donné cette satisfaction.

Le feu est aux broussailles. Sa marche ou plutôt sa course déréglée est lente, incertaine, quand elle ne rencontre que des herbes ou de rares broussailles ; mais quand, courant de proche en proche, elle tombe sur des massifs épais d'essences inflammables, la flamme se relève furieuse, grandit, tourbillonne en pétillant, se replie sous le vent et court ainsi en effrénée, tant qu'elle trouve de quoi dévorer ou jusqu'à ce qu'elle soit arrêtée tout court par un ruisseau, un ravin ou même un chemin.

Les Arabes trouvent fort commode et facile de se débarrasser ainsi sans travail et sans peine de la végétation, qui étouffe les herbes des pâturages, et de détruire les asiles des bêtes fauves, qui ravageraient leurs troupeaux. Ces incendies ont pour autre résultat, résultat non prévu, de purifier l'air, à l'époque de l'exhalaison des miasmes, et de détruire une infinité de sauterelles et autres insectes à l'état de chrysalides, fort nuisibles à l'agriculture. Malheureusement, étant mal dirigés, ils font à la longue disparaître les arbres de haute végétation et rendent impossible la culture des arbres fruitiers dans les champs ou les vergers. C'est un usage utile, mais à réglementer.

Nous traversons le Boudouaou, petit cours d'eau, et, en passant devant un café arabe, j'achète pour quarante sous trois perdrix, fraîchement tuées. Quel festin nous allons faire ! Compte là-dessus !

La route nouvelle, que notre armée, que nos braves soldats, propres à tout ce qui est grand, beau, utile, ont ouverte, est fort bonne ; mais comme elle augmente la distance pour diminuer la pente, je prends le vieux chemin kabyle, fort mauvais, il est vrai, mais beaucoup plus court.... bêtise ! quoique je le connaisse parfaitement ; car la nuit tombe. Nous montons et redescendons ; puis nous montons encore et encore redescendons par des sentiers de chèvres, vrais casse-cous. Je n'y vois plus goutte et vais en aveugle.

Je me confie à ma bête ; bientôt je me surprend avec des préoccupations faméliques, des rêveries stomachiques ; c'est qu'en effet, à force de marcher et surtout de ne pas manger, mon estomac s'est creusé et doit se trouver à l'état de viduité le plus complet. Ce matin à sept heures je me suis administré la soupe du voyageur-campagnard, du chasseur : la vulgaire et populaire soupe à l'oignon et quelques œufs, et depuis lors rien que du café maure.

Enfin voilà la ferme où je dois trouver un gîte et un bon repas ; un bon repas.....

Nous descendons dans le lit presque entièrement à sec de l'oued Corso ; de l'autre côté une courte avenue bordée de plantations de mûriers et de champs de tabacs nous conduit à la ferme. Nous entrons dans la cour, qui n'est encore qu'à demi-close par un mur, plusieurs gens de travail causent sur la porte ; j'avise dans l'ombre un monsieur ; ce doit être le maître.

« J'ai bien l'honneur de vous saluer, Monsieur ; on m'a dit que je pourrais souper et passer la nuit dans votre ferme ? » — « Ma ferme n'est pas une auberge, mais vous pourrez y passer la nuit : je ne puis vous donner à souper ; mon cuisinier est malade et le feu est éteint ; mais si vous voulez du pain et du vin.... et un matelas pour la nuit !..... Si vous étiez arrivé une heure plutôt, vous auriez partagé la table commune. »
— En voilà une invitation rétrospective fort consolante et satisfaisante, à quelqu'un qui meurt de faim ! —

J'entre dans une immense salle à manger meublée

d'une table longue et de deux bancs. J'exhibe mon lièvre et mes perdrix, espérant que les instincts gastronomiques naturels à l'humanité se réveilleront chez mon hôte : « J'avais apporté mon plat, » lui dis-je de l'air le plus succulent possible, — rien ! il ne sort pas de là : « le cuisinier est malade, » etc.... Le malheureux n'a donc pas d'entrailles !

Si ce n'étaient les bêtes, qui se reposent, et auxquelles on a donné du fourrage, je m'en irais coucher à un café arabe à une demi-lieue plus loin. On m'apporte une bouteille d'affreux vin, du vin à colique ; j'ai mon pain ; je meurs de soif.

Mon hôte est d'une politesse obséquieuse, agaçante ; à peine ai-je goûté à son affreux bleu, faute de bonne eau, qu'il me dit qu'il est l'heure du coucher et qu'il ne peut laisser, par mesure de prudence, aucune lumière allumée ; il paraît qu'il a horreur des lumières et du feu, mon hôte. Il m'offre de nouveau un matelas au premier étage ; je me défie de son matelas ; je le remercie, accroche mon gibier à l'abri des chats, dépose mon bagage et vais rejoindre mon Maltais dans la cour. Celui-ci m'offre d'un excellent melon d'Espagne, dont il a eu l'heureuse précaution de se munir ; ces melons ont l'écorce lisse et verte ; leur chair est blanche et rosée vers le milieu ; elle est sucrée et d'un excellent goût, tout différent de celui du melon de France. Mon estomac, sec comme de l'amadou, s'accommode parfaitement de quelques tranches.

— Ah, voilà mon grand diable de Kabyle retrouvé.

J'offre la goutte au Maltais ; non , je crois au contraire que c'est lui qui me l'offre, et je me couche sur la paille. Quoique je n'aie pas fermé l'œil de la nuit dernière, je dors fort mal ; la course ma échauffé , et je suis tourmenté par.... les puces.

Vendredi, 12 août 1855.

Je me lève avant le jour et vais chercher mon bagage. Pour payer mon écot, je laisse mon lièvre pendu à son clou et ne prends que mes perdrix pour déjeûner. En sortant, j'entends mon hôte qui, de sa fenêtre, me demande si je pars. Je le remercie infiniment de sa bonne hospitalité, car il ne veut rien pour son vin, et lui souhaite le bonjour :

« Chez les montagnards écossais, l'hospitalité se donne, etc. »

Ce n'est pas cher, mais c'est encore plus que ça ne vaut : je préfère l'hospitalité kabyle; quand je repasserai, je coucherai peut-être à la porte de ce bon chrétien, mais je n'entrerai pas.

Mon Kabyle est debout; c'est maintenant mon

seul compagnon : le Maure est reparti avec sa rosse. Je me hisse sur le bagage, dont la mule est chargée, et nous partons.

Le jour se lève ; nous sommes en pleines mais petites montagnes ; en demie Kabylie ! La route, qui est carrossable, va s'élevant à travers des lieux très-pittoresques.

Voilà la fontaine Idjellabin... C'est une vieille connaissance ; j'y ai déjà passé la nuit, pas dedans, mais auprès, vers le mois d'avril 1849. Alors j'avais un caractère officiel ; j'avais mon monde : caïds, cheïcks, spahis, tous étaient à mes ordres. J'étais en cours ou plutôt en course d'instruction criminelle. Il faut que je vous raconte cela en passant ; chemin faisant.

Un jour, j'entends frapper, gratter, fort discrètement, à la manière des indigènes, à la porte de mon cabinet. — Entrez ! — La porte s'ouvre, et dans son cadre apparaissent, comme dans un tableau du moyen-âge, trois personnages sur le même plan : au milieu, un grand gaillard de Kabyle, les mains liées, la corde au cou, et, à chacun de ses côtés, un spahis, tenant à la main, l'un le bout de la corde, l'autre un pli. — Qu'est-ce ceci, me dis-je, C'était du nouveau gibier d'instruction, que m'envoyait le capitaine Péchot, alors dirigeant les affaires indigènes d'Alger et y faisant bonne politique et police.

Le Kabyle avait tué un sien cousin d'un coup de fusil, par jalousie. Je l'interrogeai sommairement.

Il avoua bien la chose, mais prétendit, en même temps, l'avoir faite dans un moment où il avait trouvé son trop tendre parent en flagrance de cousinage et conversation criminels avec sa femme. Ce dernier point ne me parut pas clair, car, dans ce cas, selon toutes probabilités, il n'eût pas manqué de faire coup double. Il fut décidé qu'on irait sur les lieux ;..... aller sur les lieux est très-souvent un bon moyen, une bonne clef d'instruction. Emménerai-je le docteur Bodichon, le *vade-mecum* éclairé et éclairant de la justice criminelle pour m'assister à l'exhumation et à l'autopsie ; il me fallait sa tête, sa bonne tête ; un instant ! ne confondez pas : je veux dire sa lanterne, sa bonne lanterne, ses lumières, car, en choses ou plutôt en faits de politique, je suis peu de son école, voire même pas du tout de son école. Par mesure de haute prudence de la part de beaucoup plus haut que moi, il me fut interdit, à mon grand regret, d'emmener le docteur. Il s'agissait, il est vrai, d'aller à plus de quinze lieues d'Alger, dans une fraction de la tribu kabyle des Hauts-Kachena, habitant les montagnes qui ferment la Mitidja du côté de la Kabylie. Or, cette partie de la tribu, à peine soumise, étant en dehors et loin de toute route française, et de tous grands chemins battus, fréquentés, on pensa avec une certaine apparence de raison et beaucoup trop de prudence, qu'il fallait s'abstenir d'une exhumation en horreur chez les indigènes, et que ce serait déjà beaucoup, pour une premiére fois, de la part de la justice, que d'y faire acte de présence.

Je partis donc avec M. Ledien, substitut, de très-bonne et très-vivante mémoire, et le sensible Bottari, interprète des langues arabe, italienne, maltaise, etc., des us de politesse, de convenances, de sentiments, etc.; en un mot, et cela depuis la conquête, le modèle des interprètes passés, présents et futurs. M. Valentin, capitaine du bureau arabe, partie active, devait nous rejoindre à la Maison-Carrée. Nous étions tous à cheval.

Nous allâmes coucher dans la plaine, sous la tente, à environ trois lieues des montagnes, chez le caïd l'Arbi, qui, prévenu de notre arrivée, nous avait fait préparer une diffa, moitié arabe, moitié mauresque, mais en somme fort bonne.

Si ce n'est un combat de chevaux, qui mit un instant tout le monde en émoi, la nuit se passa fort tranquillement, toutefois chacun en se grattant. Le coup de canon d'Alger nous réveilla au lever de l'aurore. Le coup de canon, tiré soir et matin ou mieux matin et soir dans le port d'Alger, a un effet et presque une importance dans une partie de la Mitidja et même bien au-delà, assez généralement ignoré. Il est entendu de très-loin. Pour les colons isolés, c'est la grande voix de la France, qui matin et soir, au réveil et au coucher, les avertit qu'ils ne sont pas seuls et que sans cesse elle veille sur tous. Pour les indigènes, c'est à la fois un continuel rappel à l'ordre et le signal de la venue du jour et de la tombée de la nuit. On dit, depuis longtemps, les Indigènes surtout, qui n'ont ni montres ni horloges : « Au coup de canon du matin ou du soir. C'était avant ou après le coup de canon du matin ou du soir. » Horloge tonnant en attendant des horloges sonnant.

Le café maure dégusté, nous montâmes à cheval, escortés du caïd et de ses cavaliers. Arrivés au Boudouaou, première rivière en territoire kabyle et limite de son commandement, nous le congédiâmes, après toutefois force salamalecs de part et d'autre. Le cheik el-cheik, dans le commandement duquel nous entrions, avait envoyé au-devant de nous son fils et ses cavaliers ; nous traversâmes le Boudouaou, puis l'oued Corso. Alors les jolies vallées qu'arrosent ces deux petites rivières étaient des solitudes. Enfin, chevauchant par des sentiers, traversant ou longeant des vallées très-agrestes, grimpant péniblement, difficilement des pentes de montagnes escarpées, en échelons de rocher, nous arrivâmes vers midi au but de notre voyage, dans un petit hameau d'une douzaine de petites maisons, sans étage, situé près de l'enfourchure de deux pics, lieu très-sauvage et pittoresque.

Je m'installai sur le péristyle de la djemma pour entendre mes témoins.

Les choses ne s'étaient pas passées précisément comme le prétendait Méhemmed, le mari. Ayant acquis ou du moins croyant avoir acquis une désagréable et fâcheuse certitude à l'encontre de son cousin et de sa femme, et cela d'après des propos, des confidences plus ou moins vraies, il avait résolu de se venger, comme doit le faire tout bon Kabyle, tout Kabyle qui a du nif. Un jour donc, qu'il avait avisé son très-peu cher cousin partir de grand matin pour un marché, il l'avait guetté, au moment probable du retour, posté derrière la porte de sa maison, son fusil a portée de la main. Leurs maisons étaient voisines. Puis, au moment où le cousin, à son tour trop confiant, revenant tranquillement sur sa mule, allait tourner l'angle de sa maison, pour rentrer chez lui, Méhemmed était sorti subitement et furtivement et, par derrière et presque à bout portant, lui avait campé un coup de fusil dans le dos. Au coup de feu, la mule effrayée avait fait un violent et subit écart et le cousin était tombé à terre, grièvement blessé. Alors Méhemmed s'était élancé sur lui, et l'enjambant, l'avait achevé en lui tailladant le crâne avec une grosse serpe, tout en fer, comme aurait fait un bûcheron d'une bûche. La mère du malheureux était bien accourue, mais Méhemmed l'avait renversée d'un revers de bras. Duel kabyle · Tu m'as pris en traître, je te prendrai en traître. Duel peu chevaleresque; mais, en général, les maris sont peu chevaleresques ; je crois même que les premiers chevaliers n'étaient pas mariés. En particulier, les maris kabyles estiment, sans doute, que c'est déjà bien assez d'être maris trompés, outragés, sans encore s'exposer à être, par-dessus le marché, maris tués ou au moins corporellement blessés Cette petite scène pastorale, de mœurs du cru kabyle, parut au capitaine Péchot un peu trop foncée, chargée de couleur locale. Avec les Français, les choses ne pouvaient plus se passer comme avant. Il fallait au moins s'expliquer. Méhemmed fut arrêté, si même il ne se rendit de lui-même.

Pendant que j'entendais mes témoins, l'épouse, cause du tragique événement, la belle Hélène, renouvelée des Grecs, de mère en fille, m'arriva, montée sur une mule, en croupe derrière un Kabyle. C'était une belle femme. Le cousin, l'heureux ou malheureux cousin avait payé cher ce qu'il avait ou n'avait point eu, mais fichtre, c'était une belle femme....

Au moment de repartir on nous apporta, en guise de collation, du lait, de la galette et un vaste plat, en bois tourné, de lait caillé. Comme bien vous pensez, je m'en donnais une énorme bosse, les autres, fins becs, n'en étant point ou fort peu amateurs.

En revenant de mon petit hameau de marabouts, car j'oubliais de vous dire que tous ses habitants, y compris Méhemmed et son défunt cousin, sont marabouts de père en fils, ou plutôt de fils en père, et cela en remontant jusque dans la nuit des temps, où se perd l'origine de la chose; en revenant, dis-je, le cheik el-cheik, qui me précédait, s'arrêta, puis se mit à hêler, d'une manière formidable, dans la direction d'une montagne, dont nous étions séparés par une profonde vallée. A ce coup de g..... gosier, aigu et perçant comme un coup de trompette du Jugement dernier, j'aperçus quelque chose de remuant au flanc de ladite montagne, près d'une petite maison. Avec ma longue-vue, je reconnus un homme. C'était un témoin, que je n'avais pas entendu ; celui qui, selon la coutume musulmane, avait lavé le corps du cousin, avant l'inhumation. Mon cheik el-cheik l'assignait, pour le soir, à domicile, et parlant à sa personne.

A la tombée de la nuit, nous arrivâmes à la fontaine Idjellabinn où nous devions souper ou dîner et coucher. On nous y attendait. Si l'exercice et l'air vif des montagnes nous avaient creusé profondément l'estomac et préparé un bel appétit, nous étions munis de provisions pour le boire et le manger, de nature très-respectable, pour le moment, du moins Elles étaient cependant inutiles, car notre cheik el-cheik comptait nous régaler d'un repas à la manière kabylo-arabe. Par politesse, au moins, nous devions accepter. Nous trouvâmes la broche au feu, tournant en plein air et répandant à l'entour, ou aux alentours, des fumets, des parfums de rôti d'une suavité à faire damner d'aise ou de désespoir des ventrus repus et à plus forte raison affamés. Vous ai-je déjà dit ce que c'est qu'un rôti indigène. Pour un bon rôti de gala, prenez trois indigènes, arabes ou kabyles, il vaut mieux cependant des arabes, pas trop jeunes, mais pas trop vieux. Ne confondez pas et n'allez pas croire que..... ce serait trop coriace : je change la phrase.

Pour un bon rôti de gala, prenez, ayez d'abord un mouton, puis une gaule et trois Arabes ou Kabyles. Le mouton, bien dépouillé, bien dépecé, est embroché dans la gaule : deux des rôtisseurs, un à chaque bout de la gaule, la font tourner, dans le même sens, de bonne entente, entente cordiale, stomacale, au-dessus d'un gros brasier ardent, tandis que le troisième, qui doit être un homme de tact, muni d'un bouquet de branches de myrthe, qu'il trempe dans une écuelle de beurre frais, en asperge la pièce, qui se dore, avec art et précaution ; puis quand la pièce a pris une belle couleur, d'un roux luisant, pas trop foncé, pas trop clair, entre les deux, salez et poivrez fort, en saupoudrant, et servez chaud, brûlant même et..... je vous en dirai de bonnes nouvelles.

A notre arrivée, le rôti était à point. Nous nous mîmes donc à table, c'est-à-dire, nous nous assîmes sur notre siége naturel, dans la tente du cheik el-cheik, autour de l'objet, et le sacrifice commença ; je ne vous dis que cela.... ayant pour couteau et fourchette chacun nos dix doigts.

Notre cheik el-cheik est un homme d'une cinquantaine d'années, robuste et de haute taille, à tête de lion. Sa physionnomie et ses manières sont graves, mais un peu rudes, du premier abord. Il s'est battu contre nous avec Abd el-Kader ; maintenant il est rallié et se bat pour nous. Il a pour fidèle achate et conseiller intime un petit vieux, nommé *****, à figure fine, déliée, toutefois sans expression mauvaise ou de méchanceté. M. le capitaine Valentin paraît lui inspirer beaucoup de confiance et exercer sur lui une grande influence. C'est d'ailleurs avec son concours que j'ai pu opérer aussi tranquillement et aussi facilement que dans un village de France. Quel progrès !

Les bureaux arabes, quoi qu'on en dise, sont, comme chose, mode préparatoire et transitoire, très-utiles, indispensables même, quand ils tombent entre bonnes mains.

Entre la poire et le fromage, c'est-à-dire, entre la figue et le raisin secs kabyles, apparaît, à travers l'ouverture de la tente, une figure de chouette, c'est le témoin hêlé. Je reçois sa déposition sur l'état du corps et surtout du crâne de l'amant déconfit.

Pendant que nous prenons le café, il nous arrive de tous les côtés des poulets rôtis ; chacun apporte le le sien ; c'est sa part de l'hospitalité officielle. C'est une vraie bénédiction de poulets rôtis ; une vraie manne de poulets rôtis, meilleure que l'ancienne, la patriarcale, celle que les hioudi (juifs) trouvaient si bonne, probablement parce qu'ils n'avaient pas autre chose, et puis peut-être aussi parce qu'elle ne leur coûtait rien.

A l'audience, Méhemmed, mal conseillé par des donneurs de conseils de prison, ne fut pas franc dans son interrogatoire. La cour le jugea, comme elle aurait jugé un Français, et le condamna à vingt ans de travaux. Cette condamnation n'eut pas un bon effet dans les tribus.

Cet homme m'intéressait. Il avait parmi les siens une bonne réputation et ne passait même pas pour être violent. Il avait obéi tout à la fois à un sentiment et à un devoir de vengeance. A la prison, pendant le Ramadan, il avait édifié tous ses coréligionnaires par sa piété réelle. C'est lui qui leur faisait la prière.

Il se pourvut en cassation, mais comme je n'espérais rien pour lui, je le fis venir dans mon cabinet, où j'avais aussi mandé le cheik el-cheik. Je lui dis qu'il ne devait pas compter sur la réussite de son pourvoi et je lui conseillai, en tous cas et pour ne pas être pris au dépourvu, de s'entendre avec son cheik el-cheik sur ses affaires d'affection et de famille, etc. Alors seulement il parut comprendre que tout était perdu pour lui. S'adressant au cheik el-cheik, il lui parla longtemps, lentement, gravement, dans un langage que, cette fois, Bottari, malgré sa linguistique universelle, ne put comprendre, du moins par ses oreilles. D'abord sa voix était, comme d'habitude, ferme, précise, brève même, puis insensiblement elle s'altéra; des larmes silencieuses coulèrent le long de son rude et impassible visage. Il avait perdu sa femme; il perdait ses jardins, sa maison, ses troupeaux, ses enfants, sa liberté, l'air de ses montagnes; il perdait tout, enfin, et pour toujours. Cette douleur muette, mais profonde, avait quelque chose de navrant. Le cheik el-cheik, avec sa tête de lion, le regardait fixément. Il paraissait être, lui-même, malgré son impassibilité apparente, sous l'impression d'une émotion, d'un sentiment, nouveaux pour lui, et, comme s'il se fût défié de ses yeux et de sa voix, il ne remuait pas la paupière et ne répondait que par monosyllabes.

Je partis le lendemain pour aller au mariage de Louis. En revenant, je m'arrêtai à Toulon. Je fouillai le bagne et compulsai les registres sans pouvoir trouver mon homme, ni même sa trace. Je rencontrai bien quelques bonnes connaissances, entre autres quatre Maures, faussaires par supposition de personne, auxquels j'avais fait subir une instruction désagréable. Je les vis au moment où ils levaient le coude avec l'aplomb et l'aisance de vieux praticiens pour s'ingurgiter un verre de vin. Ils se croyaient sans doute hors de la présence, hors de vue de Mahomed. Ils furent enchantés de me voir, je ne sais pas pourquoi, et me remirent des lettres pour leur famille. Quant à mon pauvre Méhemmed, mon intention était de le recommander au directeur, puis de lui faire faire une demande en grâce, fortement apostillée. A mon arrivée à Alger, j'appris qu'il y était mort du choléra. Que n'étais-tu là, mon cher Auguste pour l'arracher au terrible fléau ! La terre a son corps, que Dieu ait son âme.

Mais je reviens à mon chemin. La végétation arborescente et spontanée des montagnes n'est, ici, ni très-forte, ni très-épaisse, ni très-élevée. Les essences dominantes, de haute tige, sont l'olivier sauvage, le chêne-liège, sur les parties élevées et leurs pentes et, au fond des vallées, auprès des sources et des ruisseaux, le frêne, l'orme, l'aulne et les arbrisseaux, buissons et plantes grimpantes, le laurier - rose à profusion, le myrthe, le genet, la vigne sauvage et autres. Quelques champs apparaissent çà et là. Le reboisement complet de ces montagnes serait très-facile si on les préservait des atteintes des troupeaux; mais surtout des hommes; il n'y aurait qu'à laisser faire la nature, qu'à l'abandonner à elle-même.

Nous nous arrêtons quelques instants dans un café arabe, installé au bord de la route, sous un gourbi, et près d'une petite maison habitée par un cantonnier indigène, surveillant. Je n'y trouve que du fromage blanc, rassi, horriblement salé, dont je m'abstiens pour ne pas avoir le bec ouvert par la soif pendant tout le reste du jour. Le sel est bon, dans les choses, mais pas trop n'en faut, surtout en route. Cette fois je paie le café au Maltais. On parle politique dans l'établissement : c'est la question d'Orient, qui est sur le tapis; on me demande des nouvelles de Moscou; c'est ainsi, que les Arabes désignent les Russes. Ils les connaissent par leurs rapports, lorsqu'ils vont à la Meckque, avec les musulmans, qui sont sous la domination moscovite.

Après une demie heure de marche, je laisse mon Maltais sur la grande route, continuer vers Dellys, et je prends un sentier, à droite, à travers les broussailles ; je débouche bientôt au-dessus d'un assez vaste bassin, au milieu duquel coule l'Isser et où viennent aboutir plusieurs vallées. Nous passons sur le revers d'un mamelon qui attire mon attention. Au point culminant je crois reconnaître des traces d'ouvrages militaires. Voyons ! mon Kabyle me parle du maréchal *Bijaud*.

Au sommet, une espèce de retranchement a été élevé du côté de l'Isser ; derrière était la tente du maréchal ; de là il dominait tout le pays et les issues du bassin. Son infanterie garnissait tous les côtés du mamelon, qui en cachait une partie à l'ennemi. Abd el-Kader, qui avait remué les Kabyles et comptait beaucoup sur leurs fantassins, se tenait de l'autre côté de l'Isser avec tout son monde régulier et autres, Kabyles et Arabes. Après quelques escarmouches, le général Bugeaud, tenant son ennemi à bel, le fit vigoureusement charger. Ce fut l'affaire d'un instant : la fameuse infanterie régulière fut détruite en un clin-d'œil. Abd el-Kader, malgré tout son courage et son habileté, ne fit que paraître et disparaître. Son prestige s'évanouit avec lui aux yeux des Kabyles, qui s'attendaient à la victoire et au pillage. Voilà ce que je crois comprendre de ce que me dit mon Kabyle, qui était alors spahis régulier au service d'Abd el-Kader et qui décampa au plus vite comme les autres.

Quoique je n'entende absolument rien aux choses de guerre, il me semble cependant que le point d'observation du maréchal, sur lequel je m'arrête quelques instants, était admirablement choisi. Il dominait la vaste vallée de l'Isser et tous les affluents des autres petites vallées qui viennent y aboutir; il voyait arriver, déboucher de ces affluents des contingents des tribus kabyles dans ce lieu de rendez-vous général ; il voyait et comptait pour ainsi dire leurs forces, cavaliers et fantassins. Il dominait leurs mouvements : il avait la rivière à ses pieds pour ligne de défense et pouvait la traverser où et quand bon lui semblerait pour, selon l'opportunité, tomber sur son ennemi.

De son côté Abd el-Kader avait aussi calculé son affaire en vrai Bedouin, en acceptant le combat à vingt lieues d'Alger, au milieu des montagnes habitées par des montagnards courageux, fanatiques, acharnés au pillage, jusqu'alors invincibles, combattant chez eux et connaissant parfaitement le pays : vainqueur il rendait la retraite de son ennemi sinon impossible, au moins très-difficile et surtout très-meurtrière, à travers des montagnes boisées, coupées de ravins, de fourrés, sans routes, sans lieu de ravitaillement, de refuge, etc.; vaincu, il échappait facilement, lui et tout son monde, à toutes poursuites, en se jetant dans les montagnes, où les Français ne pouvaient sans danger, sans imprudence, se fourvoyer à sa poursuite. Comme vous le voyez, son plan était habile. Mais sur le terrain le coup-d'œil militaire lui manqua; il avait aussi à faire à un maître et à quels soldats! Je crois me rappeler que notre cousin

Louis Hun, le chasseur d'Afrique, m'a raconté ce combat. Il devait commander l'escadron qui a sabré l'infanterie plus ou moins régulière de l'émir.

Mais va donc ton chemin, pékin ; aux affaires de guerre, tu n'entends rien.

Nous descendons vers l'Isser, laissant à gauche un marabout, situé sur un plateau entouré de magnifiques oliviers, plusieurs fois séculaires ; ce plateau sert de marché. Nous traversons l'Isser, dont les eaux sont jaunâtres, pour aller déjeûner dans le lit d'un ruisseau, ombragé de lauriers roses, près d'une source, à moi connue, d'excellente eau ; plusieurs Kabyles, en moisson, viennent boire et se plaisent à puiser l'eau avec une de mes tasses en fer battu.

Mon Kabyle allume du feu et plume mes perdrix. Le malheureux les fait rôtir sur la flamme ; la peau crevasse, se noircit, le fumet s'évapore ! Décidément si on devient cuisinier, on naît rôtisseur. J'aurais dû surveiller la broche ; c'est une faute.

Il est dix heures. La chaleur est très-forte dans cette vallée. J'aperçois à quelque distance des traces de ruines, que je suppose être romaines. J'appelle un petit berger, dont le troupeau de chèvres s'est groupé, à cette heure de somnolence, sous l'ombrage d'un arbre. Mon Kabyle lui crie de m'apporter du lait. Il m'apporte bientôt, dans une espèce de pot de terre, du lait de chèvre tout frais, ou plutôt tout chaud, blanc, mousseux et d'un excellent goût. Je lui donne une petite pièce de quatre sous ;

ce que voyant, d'autres enfants s'éloignent, sans doute pour aller m'en chercher à leur tour.

Une petite fille passe la tête entre les branches et me regarde à la dérobée et en dessous avec une expression instinctive de curiosité féminine. — Je lui fais signe d'approcher ; elle hésite. — Je lui montre un morceau de sucre, grand moyen de séduction. Les petits garçons l'encouragent ; le père survient ; il tend la main. — « Ce n'est pas pour ton nez ; si c'était du tabac, à la bonne heure »; enfin ma petite s'approche à pas de petit chat, tend son petit bras, sourit, puis s'en va en grignotant son sucre.

Mes perdrix ont un détestable goût de fumée et de brûlé. En revanche, je fais d'excellent café au lait, puis du café pur, dont j'offre une tasse au père de ma petite.

Mon Kabyle trouve moyen de me soutirer quelques sous indirectement : il me dit que le Maure qui, la veille, m'avait loué le cheval, lui a fait manger toute la provision d'orge ; il m'en fait acheter à un Kabyle pour douze sous, ce qui en vaut quatre ; il partagera sans doute avec lui.

Nous repartons et, à quelques pas, gravissons une montagne ; je mets pied à terre pour ne pas éreinter la pauvre mule. La montée est rude et la chaleur excessive. La sueur me sort des pores comme l'eau d'une fontaine ; cela me fera du bien. Mon Kabyle lui-même a la chemise collée sur le dos et trempée de sueur. Après une demi-heure de rude montée, nous arrivons au haut de la montagne. Quelle solitude ! Nous nous arrêtons pour laisser souffler la bête.

Je m'abrite sous une espèce de pommier sauvage. Mon homme s'étend au soleil, mon fusil près de lui. Il n'a pas une trop bonne figure, mon Kabyle; aurait-il une mauvaise pensée ? Par prudence, je ramasse mon fusil et fais jouer la batterie, comme si j'apercevais une pièce de gibier.

Les arbres et les arbrissaux ont disparu. Nous côtoyons, à une certaine hauteur, une petite chaîne de montagnes, ayant à notre droite une vallée élevée, cultivée, et au-delà une autre chaîne parallèle, plus ou moins boisée dans ses parties supérieures.

Nous traversons des ruines romaines, couvrant un terrain en promontoire sur la vallée. Plus loin, nous passons près d'un champ de *bechéna*, aux tiges ressemblant à celles du maïs ; c'est une espèce de millet, qui sert à faire du mauvais pain. Il épuise moins la terre que le blé et l'orge, c'est pourquoi on l'alterne avec ces céréales. A mesure que nous avançons, les cultures reparaissent. Les femmes sont aux champs : en voilà trois jeunes sur une hauteur qui battent du blé avec des bâtons, en tournant tout autour du tas. Mon Kabyle échange avec elles des plaisanteries. Elles nous demandent si nous voulons venir les aider..... Merci, pour le moment! attendez-nous, en repassant! — Plus loin, en voilà deux autres qui ramassent de petites gerbes, formées d'une demi-douzaine d'épis, liés avec la paille de l'un d'eux. Pour entrer en communication, j'envoie mon Kabyle leur demander de l'eau et leur promettre un morceau de sucre. Le Kabyle parlemente et m'appelle. Je m'approche ; elles n'ont jamais vu de roumi de près. L'une d'elles me présente sa cruche ; c'est la plus jeune : elle est jolie ; ses traits sont délicats et fins ; sa voix est douce et musicale. Les draperies de leurs vêtements, de formes très-simples, sont parfaitement sales ; ils se composent de grands morceaux de toile de coton, jadis blanche, et qui n'ont jamais été lavés. Je donne à la jeune un foulard de cinq sous, rouge et jaune. Quelle joie d'enfant !

Nous avons rejoint la route. Elle longe un champ de bechena, au milieu duquel est une espèce d'abri, de guérite en branchages, où veille jour et nuit le maître du champ pour le préserver des maraudeurs, bêtes et gens, car ce n'est pas tout que de cultiver et de semer, il faut encore récolter. Deux cordes tendues, dont les quatre bouts sont attachés aux quatre coins du champ, se croisent sur le plancher de l'abri. Elles supportent, suspendus et mobiles, des objets, tels que mâchoires de chevaux, morceaux de pots cassés etc., qui, en s'entrechoquant, font un certain bruit ; des lambeaux d'étoffe. A chaque instant le gardien les soulève et les agite pour effrayer et faire envoler les oiseaux dévorants, il jette lui-même des pierres en tous sens et pousse, sans cesse, des haha, haha à vous défoncer la poitrine et les oreilles.

Nous recommençons à grimper mais par une belle route en zigzag et même avec petits travaux d'arts, tels que murs ou soutiens en pierres sèches. Cela me fait grand plaisir à voir. Des routes, des routes et toujours des routes. Cent mille francs de routes valent dix mille fois mieux pour la pacification et la civilisation qu'un million de poudre.

Ici les montagnes sont assez bien boisées. L'essence dominante est le chêne-liège. Sur le sommet est une petite plate-forme, où le capitaine Beauprêtre a fait construire une petite maison pour servir de demeure à une espèce de cantonnier kabyle et à sa famille. Il en sort des enfants et surtout une petite fille de deux à trois ans, charmante et pleine de santé, quoique tant soit peu barbouillée et pas du tout peignée.

Nous n'avons plus qu'à descendre, et dans deux heures nous serons à Dra el-Mizan; mais la nuit approche et marche plus vite que nous. Il est dit que je n'arriverai jamais de jour à Dra el-Mizan; hâtons le pas.

Enfin voilà le nouveau castel du commandant Beauprêtre, qui s'étale tout frappant neuf, au pied du Djurjura, au bout de la vallée. J'aimais mieux l'autre pour le pittoresque : un réduit en pierres liées de boue, au toit de planches recouvertes de terre; on y était noyé et gelé pendant l'hiver, et séché et brûlé pendant l'été. Il était entouré d'un fossé avec relèvement en terre formant rempart. La garnison se composait, en fait de troupes régulières, d'un caporal et quatre hommes ; un à chaque coin de la forteresse. Le goum du capitaine et ses fantassins, irréguliers kabyles, étaient répartis sur divers points d'observation. Je crois même qu'au début le commandant n'avait qu'une tente. Du haut du Djurjura, sa forteresse devait ressembler à une taupinière.

Le Djurjura, vu d'Alger, apparaît comme un bloc gigantesque de rochers aux crêtes aiguës et dentelées ; il se dresse au milieu du vaste massif de montagnes kabyles, dont Alger et Bougie du côté de la mer, Aumale et Sétif du côté du continent, marquent les limites. Lorsqu'on s'en approche, on reconnaît cependant que ce bloc n'est qu'une agglomération de monts séparés par des vallées ou des ravins profonds. C'est comme une petite chaîne qui s'élève sur le massif des autres montagnes kabyles, dont elle est le point culminant.

Cette chaîne, beaucoup plus longue que large, se dirige de l'ouest à l'est. Au sud une vallée profonde reçoit tous les ruisseaux qui en sortent et viennent y former la rivière de l'oued Sahel, laquelle va se jeter, sous un autre nom, la Soumma, dans la rade de Bougie.

Du côté nord, la chaîne est aussi bordée, sur

une assez grande étendue, par une vallée dont les eaux courent du sud-est au nord-ouest, et paraît se terminer à l'est par une impasse fermée par les montagnes. C'est cette contrée qu'on appelle la Haute-Kabylie.

Là sont de nombreux villages habités par des tribus indomptées, parmi lesquelles se distingue l'énergique confédération des Zouaouas, où j'ai quelques amis, et que j'ai depuis longtemps l'intention de visiter.

Toutes ces tribus se vantent de n'avoir jamais eu de maître étranger, depuis le commencement du monde. Mais si nos armes n'y ont pas encore pénétré, l'habile tactique du capitaine Beauprêtre y a déjà fait pénétrer notre influence. C'est de son atôme de forteresse, qu'à force d'habileté innée, mais développée par l'expérience des hommes et des choses, à force d'énergie et de persévérance, il est parvenu à dominer ces gigantesques monts et leur belliqueuse population. Il a su, en employant la terreur, la justice, la persuasion, l'intérêt, entamer et disjoindre cette fameuse confédération des Zouaouas.

Le capitaine Beauprêtre aurait pu s'établir dans un fort turc abandonné, à trois lieues plus avant, mais il a préféré s'établir où il est ; ce qui dénote de sa part une merveilleuse sagacité militaire et même politique. Du fort il ne pouvait agir promptement que sur le côté nord du Djurjura : en choisissant Dra el-Mizan, il s'enfourche à la naissance de la chaîne, de manière à pouvoir surveiller les populations des deux versants et à agir et tomber dessus rapidement et à l'improviste. La surveillance et la rapidité de répression préviennent bien souvent de vastes et terribles conflagrations; c'est la goutte d'eau éteignant à temps l'étincelle. C'est le système de mon capitaine : il a commencé par se faire quelques amis, qui étaient souvent les plus faibles et avaient conséquemment à se venger des plus forts. Aidé de leur connaissance des hommes et du pays, il tombait sans bruit sur les tribus ennemies et les rasait; puis aussi, comme César dans les Gaules, sachant profiter des germes de division qui existaient entre les tribus, il est arrivé à disjoindre leur confédération hostile et à y jeter à la fois de la défiance réciproque et de la confiance en nous.

Il a bloqué les plus récalcitrants dans leurs montagnes et les a empêchés de venir sur les marchés arabes et kabyles faire le commerce et louer leur travail, seuls moyens d'existence de beaucoup, car leurs terres ne produisent pas assez pour leur consommation. En leur coupant ainsi les vivres, il a fait réfléchir quelques-uns des plus belliqueux et les a ébranlés.

Du reste, il est homme d'action autant que politique : un jour des hommes d'une tribu amie arrivent vers lui, en toute hâte et frayeur, lui apprendre qu'ils sont attaqués par de plus nombreux et qu'ils sont perdus, s'il ne les secourt. — Il n'avait personne; comment faire! Il parvient à réunir quelques hommes déterminés et fond sur le village des agresseurs, dégarni d'hommes; ceux-ci, avertis, sont à leur tour obligés d'accourir en toute hâte défendre leurs foyers. Mon capitaine, qui n'avait qu'une poignée d'hommes, s'éclipse. Le coup était fait : les amis étaient sauvés.

Il y environ deux ans il a amené une vingtaine des hommes les plus influents des tribus à faire leur soumission à Alger.

Bon! la nuit est tombée et je n'arriverai pas pour dîner; quel dommage! car j'ai fameusement faim et soif; nous approchons, il est vrai, mais à cette heure je ne trouverai pas le capitaine dans son castel : il doit être dans son jardin.

Je laisse ma bête au Kabyle et monte à travers broussailles et rochers, guidé par mon estomac. Je crois sentir une odeur de cuisine, de dîner : ce que c'est que l'imagination! — M'y voilà; je me dresse à la porte du salon de feuillage comme une apparition; j'y trouve mon capitaine et M. Devaux, son spirituel et gai lieutenant, prenant du thé et fumant en devisant. — Diable, il est trop tard : du thé et des cigares peuvent être fort bons, pour ceux qui les aiment, après le dîner; mais pour dîner, de la fumée et un digestif sont peu réconfortants. Heureusement il reste encore quelque chose, un petit poulet rôti hospitalier. Nous jasons un peu, puis on va se coucher.

Ma foi, je n'en suis pas fâché; voilà deux nuits que je ne dors pas. Je vais au castel : une belle chambre, un excellent lit...... quel confort !

Samedi, 13 août 1855.

Q UAND je me réveille, il fait grand jour ; le capitaine s'apprête à aller faire un tour à un marché kabyle, qu'il a créé pour faire concurrence à un autre, qui se tient dans une tribu ennemie, et tâcher de le ruiner.

Je le laisse partir, car je suis bien aise de me reposer un peu, et puis j'apprends à l'instant que mon ami Sidi-Djoudi, le bachaga des Zouaouas, vient d'arriver, et je veux le voir. Je le trouve dans un réduit long de cinq mètres, large de quatre, ayant pour mobilier une vieille caisse vide et une cruche... remplie d'eau, il est vrai. C'est là le salon de réception, la chambre à coucher et la salle à manger qu'offre l'hospitalité française aux chefs kabyles.

Sidi-Djoudi est là assis, ou plutôt couché, avec les siens ; El-Hadj* Hamiche, son vieil et fidèle ami, la bonne tête dans le conseil, le bras fort dans le combat, la bonne langue dans les assemblées et partout le bon compagnon : c'est un vieux diable fort original ; nous sommes amis intimes, non parce qu'il est original ; les extrêmes se touchent : je vous en

* El-Hadj signifie Pèlerin de la Mecque.

reparlerai ; le bonhomme Lahoussin, le secrétaire intime du bachaga : c'est le taleb, le jurisconsulte, le lettré, la plume de son patron ; Idir, le chaouch de Sidi-Djoudi, son serviteur, son écuyer ; Saïd, le secrétaire de son fils, esprit vif, intelligent, gai, railleur. — Nous le reverrons.

Après les compliments, salamalecks kabyles, auxquels j'ajoute les poignées de main françaises, je m'assieds à côté de Sidi-Djoudi. Alors recommence la série interminable de compliments, que ne peut se dispenser de faire un Kabyle qui sait son monde. Il m'offre des poires àpres, qui dessèchent le gosier et font tousser, des figues vertes et des tranches d'espèces de courges non mûres et détestables. Il me propose de m'emmener avec lui dans son village dans la Haute-Kabylie ; où nos armes n'ont point encore pénétré... — « Tais-toi, tais-toi, de la prudence ! je ne demande que cela, mais nous en reparlerons. »

L'année dernière, le capitaine, qui se considère comme responsable de la sûreté de ses hôtes, m'avisa, en forme de conseil, que si je tentais l'ascension du Djurjura, il me ferait relancer par ses limiers. Cette année, je tâterai le terrain, et, au besoin, j'éluderai un refus formel en filant sans rien dire, si cela est possible. Ce soir, après le dîner, entre le café et le petit verre, nous verrons.

Dimanche, 14 août 1853.

RIEN encore d'arrêté pour mon expédition ; il faut donc que je me repose une journée de plus — Je visite le castel, qui peut renfermer une soixantaine d'hommes d'in- d'infanterie, et qui est divisé en deux parties : la maison du commandant avec ses dépendances et la caserne ; une bonne fontaine a été amenée dans la cour. Il forme à l'extérieur un carré de murailles percées de meurtrières. Ses angles sont disposés de manière à se défendre réciproquement l'un par l'autre.

Les constructions du castel paraissent répondre à tous les besoins civils et militaires, car elles ont des destinations mixtes. C'est, je crois, en architecture, une difficulté vaincue. Mais l'aspect extérieur de l'ensemble est un peu lourd et manque de cachet architectural. Une douzaine de maisons se sont déjà élevées à cent mètres de distance sous la protection de ses murailles. C'est la maison du meunier, du boulanger, du boucher, de l'épicier, du forgeron, zouave sans retraite ; c'est le café de la place, etc. Le bourg compte déjà une naissance, mais ne compte pas un décès.

M. Devaux, le lieutenant de M. Beauprêtre, a, avec ses deniers et ses loisirs, défriché et défoncé un terrain assez vaste, qu'il a transformé en jardin verger. Il y cultive des légumes, des graines, des arbres, des vignes, etc. Il a son parterre, sa pièce d'eau, sa grotte de Vénus, etc. C'est une très-heureuse et très-utile création. Elle pourra devenir plus tard un jardin d'essai, une pépinière pour les Kabyles, qui cultivent déjà les arbres, les vignes, mais qui n'ont pas les pommes de terre et nos autres légumes, ni la plupart de nos bons arbres fruitiers.

J'entre dans la salle du conseil et j'y trouve le capitaine et son lieutenant, en grande délibération : c'est demain le quinze août et il s'agit d'arrêter le programme des fêtes : Au point du jour, une salve de vingt-un coups de canon annoncera la fête, le grand jour. — « Mais, mon commandant, sauf le respect que je dois au conseil, j'avais cru jusqu'à présent que, pour tirer le canon, il fallait en avoir ; et, quoiqu'il y ait de la place pour en mettre de petits sur vos murailles, cependant je n'en ai vu aucun... » « Mon doux juge, permettez, vous êtes, sauf aussi le respect que je vous dois, bien arriéré ; car vos raisons sont des raisons du temps de Henri IV, le vert-galant ; de nos jours, et surtout en Afrique, quand on n'a pas de canon, eh bien, on en fait. Vous n'avez donc pas vu dans la salle d'armes ces énormes fusils de rempart, qui lancent des balles creuses, de vrais obus, plus loin que les canons eux-mêmes ; eh bien, en voilà des canons? » — « Pardon, mon commandant, je ne dirai plus rien. » Passons aux autres articles du programme : Grande fantasia ! On appelle sidi Schérif, le colonel général de la cavalerie kabyle du commandant : « Schérif, vous ferez la fantasia avec vos vingt-cinq cavaliers. » Schérif, qui est un pur-sang arabe, et qui est lui-même un brillant cavalier, sourit d'un air de mépris à l'idée de faire faire la fantasia aux recrues kabyles : « Si vous aviez encore vos cavaliers mokranis, ce serait facile, mon commandant ; mais avec les vingt-cinq recrues kabyles, ce n'est pas possible ; ils n'ont jamais monté que des mulets ou des ânes ; vous savez bien, mon commandant, qu'un des meilleurs, en descendant dernièrement derrière vous une montagne au galop, a roulé, le maladroit, au fond d'un ravin ; il est mort ! m'écriai-je ; mais non, c'est le cheval, un bon cheval !.... Quant au Kabyle, il a eu plusieurs choses de sa personne enfoncées et cassées ; il a même laissé une bonne partie de sa peau, ou plutôt de son cuir, aux broussailles et aux rochers ; mais il n'est pas mort. Ces Kabyles, tant que ça n'a pas la tête coupée, ça vit toujours. Mon commandant, j'aime mieux faire la fantasia à moi tout seul, pour mes vingt-cinq hommes. »

Et le *Te Deum ?*.... — Pas la plus petite église, le plus petit autel. Pour chanter les grandes gloires chrétiennes et nationales de la France, rien qu'un zéphir, doué, dit-on, d'une assez belle haute-contre et d'une figure de demoiselle, ce qui ne l'empêche pas d'être un affreux chenapan..., et son camarade, gros ivrogne, à la face rubiconde, à la voix de stentor. Ces bons chrétiens se vantent de posséder à fond leur plain-chant.

Quant à un bal, il n'y faut pas songer : cinq dames pour cinquante cavaliers (ces cavaliers sont des fantassins du premier de la première du premier bataillon d'Afrique, dits *zéphirs*) ! dix cavaliers pour une dame : ça se gâterait ! D'ailleurs plusieurs de ces dames m'ont paru avoir pris sérieusement à cœur et d'une manière pratique l'œuvre de colonisation par la propagation, aussi une bonne accoucheuse leur vaudrait-elle mieux qu'un violon.

Distribution de vin, café — double ration; levée des punitions légères ; grande revue par M. le commandant, escorté de son chef d'état-major, M. Devaux. — Gare les boutons de guêtres ! c'est qu'il ne plaisante pas sous les armes, le commandant.

Je laisse le conseil en délibération. Mais maintenant — comment tâter le commandant ? ce n'est pas chose facile, car il est retord et pénétrant en diable, le commandant; de la prudence, du tact; ne compromettons rien ; évitons toute réponse formelle; car s'il dit non, me voilà cloué au bloc, comme il dit. Dissimulons pour mieux feindre : « Mon commandant, je reconduis demain Sidi-Djoudi jusqu'au bordj Bou-eira ; puis je pousserai sans doute jusqu'à Aumale, pour voir la grande fantasia en l'honneur du quinze août. » — Le commandant se défie. — Diable ; *motus* sur mes projets. Redissimulons ! — « Bonne nuit, mon commandant. »

Lundi, 15 août 1855.

Je me lève de grand matin et sors en tapinois. Sidi-Djoudi s'apprête avec ses gens. Je fourre mon porte-manteau dans un tellis ; mets mon tapis de Mascara et mon burnous noir sur le bât d'une mule de Sidi, et mon individu par-dessus le tout, à l'aide d'Idir, qui me donne le pied. Enfin, me voilà donc en selle, c'est-à-dire, en bât, jambe de ci, jambe de là, sans étriers, le sac de chasse au dos, le fusil en travers.

« Partant pour la Syrie,
« Le jeune.....etc. »

La métaphore est par trop hasardée, ni jeune, ni beau ; c'est égal.

Me voilà donc enfin parti pour la grande Kabylie, m'abandonnant aux mains et à la merci de Sidi-Djoudi et des siens. Ma foi, à la grâce et à la garde de Dieu ! Le jour est de bon augure ; car c'est aujourd'hui le 15 août, la grande fête de la France !

Le christianisme célèbre aussi la fête de la femme chrétienne ; le christianisme, cette sublime et grande religion qui, pour tirer l'humanité du culte de la matière et des passions, mauvaises bien entendu, car il ne défend pas les bonnes, et la régénérer moralement, l'a prise à sa naissance, à sa source, dans le cœur d'une humble femme..... Qu'est-ce que toutes ces autres religions —l'islamisme surtout, quoiqu'il ait été un progrès — qui refusent, en ce monde, à la mère de famille, à l'épouse, à la jeune fille, une place dans le temple, et, dans l'autre, une place honnête en paradis, que je vous souhaite, mes chers frères et sœur. Amen.

La matinée est magnifique ; l'air pur et pénétrant. Nous montons, laissant les pics dentelés du Djurjura se dresser menaçants à notre gauche. Nous allons le tourner, puis monter sur sa tête ; il y a assez longtemps qu'il me défie sur ma terrasse. C'est à l'extrémité de la vallée, qui longe le Djurjura au nord, qu'est situé le village de Sidi-Djoudi. Le chemin par cette vallée serait bien plus court et direct ; mais il n'est pas sûr, parce qu'une tribu intermédiaire est en vendette avec celle de Sidi-

Djoudi. Nous sommes donc obligés de faire un long détour. Cela ne me contrarie que parce que mon temps est limité. Maintenant nous descendons ; la route a été faite par nos soldats, sur le tracé de M. le commandant du génie Domergue. Elle gravit en zigzags, en lacets, des pentes tapissées çà et là de gourbis, de bouquets de figuiers et d'oliviers en rapport, de petits champs, sur un fond d'une végétation vivace, mais rabougrie, de chênes-liéges, de lentisques et d'oliviers sauvages. Nous descendons ainsi au fond d'une vallée étroite, tourmentée par un torrent, maintenant à peu près à sec. Nous en remontons le lit, qui est rempli de gros cailloux et bordé de lauriers roses. Les pentes des montagnes, dont nous longeons les pieds, sont garnies de broussailles, entremêlées cependant de quelques champs et de très-rares gourbis.

Nous cheminons doucement, comme il convient à un grand marabout et à un grave magistrat, Sidi faisant cependant le superbe sur son beau cheval noir, Saïd s'esseyant sur un jeune cheval un peu ficelle, Lahoussin, le vieux kodja et cadi, tout à la fois, huché sur une grosse mule blanche, chargée en outre du bagage du patron, Idir faisant l'agréable sur un petit cheval blanc, très-vieux, mais qui a dû être très-joli, encore plein de vigueur, ou, du moins, d'ardeur, et votre très-humble serviteur, se tenant en équilibre sur une petite mule assez bonne. Je ne parle pas de deux cavaliers du voisinage, qui nous font la conduite. — Qu'arrive-t-il donc? Sidi prend le trot, puis le galop; les autres le suivent. Le vieux kodja et moi, les laissons aller et continuons notre chemin au petit trot de nos bêtes, sagement, modestement et comme il convient à gens de plume et de robe; mais nos mules s'impatientent et ne veulent plus rester en arrière. Les voilà parties de leurs grands trot et galop saccadés. J'ai fort à faire, et, si je tiens bon, je serai bien habile et bien heureux; en descendant, je me vois roulant en avant, par-dessus la tête de ma bête comme un paquet; en montant, glissant en arrière, par-dessus la queue. Quelle drôle d'équitation, les jambes écartées de ci et de là, sans étriers; une main à mon fusil, l'autre à mon sac de chasse, et rien qu'un pouce de crinière. Je me tiens, ou plutôt je ne tombe pas, que par la seule force de l'équilibre: je saute comme une boule sur un bilboquet sans ficelle. Je ne sais comment cela finira. Heureusement Idir me suit à quelque distance, pour me ramasser, sans doute, le cas échéant; attention délicate; il ne ramasse que mon burnous, qui s'est envolé: je crois vraiment qu'ils me rasent. Si j'avais un bon cheval, comme je les chargerais, les fanfarons! Je ne peux cependant pas m'empêcher de rire en voyant le vieux Lahoussin galopant, ou plutôt galopinant à mes côtés, huché et ramassé sur le devant de sa mule; il sautille aussi, mais sans chavirer; il n'est pas élégant, mais il tient bon. Quelle bonne touche! De son côté, il rit de me voir rire, ou, peut-être, de ma contenance, car je dois être aussi assez gentil. Enfin Sidi s'arrête et, avec lui, le reste. Ouf! il était temps. Sidi me regarde d'un certain air de satisfaction.... — « As-tu vu....? » — il n'est pas très-fort, cependant, Sidi, à cheval; à mulet, je ne dis pas. Saïd est plus expansif; il est enchanté de lui; il n'est pas difficile, car il monte à cheval comme des pincettes : c'est égal, il est radieux. Mais, voyant Idir arriver le sabre à la main, en faisant une fantasia furibonde sur son petit cheval blanc, sa figure se rembrunit. Evidemment il est vexé et jaloux d'Idir. Idir me rapporte mes effets. Si nous avions avec nous Schérif, le colonel-général des vingt-cinq hommes du capitaine, il prendrait en pitié mes fantassins kabyles, qui ont la prétention de s'improviser cavaliers arabes.

Vers neuf heures, Sidi quitte la route et entre dans un champ de chaume, à l'abri d'un arbre. Il descend de cheval et on étend à terre les tapis. On fait halte pour déjeûner, me dit-on. Est-ce une décevante plaisanterie? Car tous ces gaillards n'ont rien apporté avec eux que leur..... appétit!

Nous sommes dans une solitude, et *in conspectu... nullum*.... Cependant Saïd a l'air satisfait d'un gourmand qui compte sur quelque chose de bon et qui est sûr de son fait. Ses grosses lèvres s'épanouissent et sourient avec sensualité et gourmandise, en laissant voir deux rangées de superbes dents, brillantes de blancheur et taillées à manger un bœuf. Mais le déjeûner où est-il ? d'où viendra-t-il ? — à moins qu'il ne nous tombe du ciel, comme autrefois la manne dans la bouche des Juifs..... — Ah, j'aperçois de l'autre côté de la vallée, accrochés aux flancs de la montagne, quelques gourbis. On les hèle.., la conversation commence à travers les airs, à coup de g....., de voix, à grande force de poumons. C'est sans doute de ce côté que va nous venir la pâture :

« Aux petits des oiseaux, etc. »

On ne s'entend pas, à ce qu'il paraît ; un cavalier part au galop en parlementaire avec Si el-hadj Saïd, qui ne perd pas une occasion de se montrer à cheval. Il revient bientôt la mine allongée : on ne déjeûne pas. Le caïd et ses hommes sont à la grande fantasia d'Aumale, et, en leur absence, les dames ne reçoivent pas ; c'est l'usage :

« La prudence est la mère de, etc. »

Les bêtes sont rebridées ; les tapis remis sur leur dos et les compagnons se remettent en route, avec un fond marqué de mélancolie et de désappointement, quoiqu'ils aient l'air de vouloir rire du contretemps. Mes gaillards, mes affamés, très-sobres chez eux, et pour cause, s'attendaient à se biturer grandement et joyeusement chez les amis. Nous déjeûnerons chez le caïd de bordj Bou-eira : encore quatre petites lieues. La conversation est languissante : rien ne rend bête comme la faim et, surtout, une faim déçue.

Nous quittons le lit du torrent et grimpons à droite. Nous passons près d'une source de bonne eau, coulant goutte à goutte. Hommes et bêtes y boivent, mais en y piétinant. Nos soldats, en faisant la route, auraient bien pu couper un chêne dans le bois, qui commence à quelques pas, pour charpenter un abreuvoir, comme je l'ai vu faire dans la forêt de l'Edough. Ils auraient ainsi laissé un souvenir utile et durable de leur passage, souvenir dont on aurait parlé et profité. A ce propos je ne puis pas m'empêcher de faire une pacifique observation. Si nos colonnes opérant en Afrique sont armées pour la guerre, elles devraient l'être aussi, et de plus, pour la paix; car aujourd'hui il ne s'agit plus de conquérir, mais bien de pacifier. Ainsi nos soldats devraient-ils être munis des instruments et outils nécessaires pour faire en vingt-quatre heures un pont sur un ravin, qui épargnerait bien des fatigues, des détours; un abreuvoir, un bassin pour réunir les eaux précieuses d'une source, qui se perdent dans le sable, très-souvent presqu'au point de départ, etc., etc.

Nous arrivons au haut de la montagne en montant à travers un bois, où domine le chêne zen. Le sol n'étant pas profond, les arbres sont de médiocre hauteur, mais vigoureux et de bonne sève.

Le sous-bois est parfaitement garni de semis naturels de la même essence, très-vivaces et ne demandant qu'à pousser. Tous les sommets élevés des environs et leurs pentes sont assez bien boisés de chênes liéges rabougris ou plutôt souffrant des atteintes de l'incendie. C'est l'essence dominante, surtout sur les hauteurs, parce que l'épaisseur exceptionnelle de son écorce, sa constitution et sa composition lui permettent de survivre aux atteintes des incendies et de résister, mieux que toutes les autres, aux parcours des troupeaux de chèvres. Quand nous serons parvenus à empêcher ou au moins à amoindrir ces causes incessantes de destruction, les montagnes se peupleront d'elles-mêmes de bois, qui malgré tout, incendies et troupeaux, s'efforcent, aussi incessamment, de couvrir le sol. Malheureusement toutes les années bois et broussailles sont mis, non en coupes réglées, mais en incendies réglés ou plutôt déréglés.

Nous sommes arrivés au haut de la chaîne ; nous la traversons, puis redescendons par l'autre côté. Nous apercevons le bordj Bou-eira ; il est posé sur un exhaussement, au pied du Djurjura, d'où il domine un vaste plateau ou large vallée, en partie nu, en partie cultivé en céréales ; c'est là que nous déjeûnons, ou plutôt, que nous devons déjeûner, ce qui n'est pas tout à fait la même chose. Les estomacs commencent à se dérider ; la bonne humeur revient : Saïd babille ; j'entends vanter, d'avance, l'hospitalité du caïd ; nous apercevons ses gourbis sous les murs du bordj, près d'un ruisseau. Idir part en faisant la fantasia ; cette fois Saïd n'en est plus jaloux. Il va nous annoncer. Mais il revient bientôt, l'oreille basse, dire à Sidi-Djoudi, que le caïd est avec son monde à la grande fantasia d'Aumale. Saïd devient lugubre et rentre ses dents ; quant à Sidi-Djoudi, il fait bonne contenance, il est toujours digne. Décidément, si nous voulons déjeûner chez un caïd quelconque, il nous faut aller, comme les autres, à la grande fantasia d'Aumale ; là seulement nous serons sûrs d'en trouver un, car ils y sont tous pour célébrer le quinze août. El-hadj Hamiche, qui est fanatique de poudre et de fantasia, nous quitte, pour aller avec tout le monde à Aumale.

Nous arrivons tristement au bordj. Il est occupé par une fraction de compagnie de zéphirs, commandés par un sous-lieutetant. Je lui fais une visite. Il m'invite à déjeûner ; j'accepte à l'unanimité. Sidi-Djoudi s'abstient, il craint de compromettre sa dignité de marabout aux yeux des siens en mangeant avec des roumis ; il désire se reposer, le lieutenant lui fait donner son matelas et nous l'installons dans une petite chambre. — « Dormez, Sidi marabout, vous êtes bien heureux, vous allez dîner, vous, car, qui dort, dîne, quand je ne ferai que déjeûner, moi. » Je donne à Idir un gros pain, dont j'ai eu la précaution de me munir. Il est bientôt éventré, dépécé, partagé et mangé avec quelques oignons crus qu'y joint le lieutenant. Les provisions sont rares au bordj : du pain, des oignons et de l'eau fraîche, plus la faculté de faire la sieste le ventre au soleil ou à l'ombre, *ad libitum* ; que voulez-vous de plus ! Evidemment ils sont désappointés ; ils s'attendaient à faire un bon repas chez des amis, à jaser, etc. Quand à Sidi-Djoudi, il aurait fait sa tête et posé en grand marabout. Ce sera pour une autre fois.

L'ameublement de mon jeune officier est très-simple, très-modeste, mais ingénieux : c'est lui qui en a fabriqué toutes les pièces. Avec une scie, des clous, un marteau et des caisses à biscuit, il a fait une table, des tabourets, une bibliothèque, etc. Son appartement n'est pas splendide ; cependant il se compose de la petite pièce où dîne, c'est-à-dire où dort Sidi, c'est son atelier de menuiserie, et d'une autre chambre, servant tout à la fois de salon, de salle à manger et de chambre à coucher. Les murs, blanchis à la chaux, sont ornés de quelques vignettes, et, à la place d'honneur, entre le sabre d'ordonnance et le fusil du jeune guerrier, des portraits en pied de l'Empereur Napoléon III et de l'Impératrice Eugénie. Une troisième petite pièce lui sert de cuisine, et un grand diable de zéphir de cuisinier. Cependant il s'est conservé la haute-main sur son marmiton. Il surveille et soigne en amateur et consommateur éclairé la cuisson d'une poule de Carthage, qui mijote sur un feu doux, bien mené, et dont le délicieux fumet vous délecte agréablement les narines et vous fait venir l'eau à la bouche... « Ce sera bon, mon officier ! ce sera fameux ! » — « M. le juge, quand vous voudrez. » — « A vos ordres, M. l'officier. » *Cedant arma togœ...* Alors passez-moi une aile, mon officier, et puis une cuisse ; oh ! jeune guerrier ! j'aime l'aile, parce que ce morceau est délicat ; la cuisse, parce qu'elle a plus de goût, et la carcasse, parce que j'ai bon appétit. Je ne suis pas difficile, comme vous voyez, je mange de tout.

Le menu se compose du volatil, d'une omelette, de pommes de terre sautées et d'une salade. La table est petite et hoche un peu ; mais, je vous en réponds, rien ne tombera à terre. Le vin n'est pas irréprochable, mais l'eau est fraîche et bonne : je fais un déjeûner de sous-lieutenant, excellent, digne d'un conseiller à la cour de cassation. J'avais cru, à son air gentillement juvenil, que M. Edmond Tinel, mon aimable hôte, était un Saint-Cyrien ; mais il sort des gardes mobiles, où il a fait ses premières armes. Fils d'un ancien militaire, il se préparait pour Saint-Cyr, quand le 28 février vint essayer de souiller, de déshonorer un instant la France. Il s'engagea dans la mobile, où il eut un avancement rapide et devint sous-lieutenant en peu de temps. Il se hâte alors de quitter ces aimables et charmants enfants. Il commande, il est vrai, maintenant, à une autre variété de bons sujets, à une trentaine de zéphirs. Après déjeûner, nous allons leur faire une visite pour leur annoncer qu'à l'occasion du quinze août il y aura distribution extraordinaire et levée des petites punitions. Ils sont installés dans une chambre longue ; elle est blanchie à la chaux et très-propre. Ils se sont construit des lits avec des branches d'arbres, chacun selon son goût, son savoir-faire. Pour charmer leurs loisirs, quelques-uns se livrent à l'éducation de corbeaux, chouettes, chacals, etc., qu'ils ont dénichés ou attrapés dehors. Ils paraissent avoir du moral. Mon sous-lieutenant, tout jeune qu'il est, leur en impose. Il faut de la tête et du nerf pour commander à de pareils gaillards dans une pareille solitude. Du reste, il est content. Ces soldats ont, pour la plupart, commis des actes d'insubordination dans l'ivresse ; or, ici il n'y a pas le moindre débit de boissons. Il y a seulement un cantinier, qui vend du pain et du café. Aussi, ne buvant que de l'eau, sont-ils sages comme des images, qui sont sages. Quoi qu'il en soit de la sagesse de ces messieurs, il est, à mon avis, bien impolitique et même imprudent, sinon dangereux quelquefois, de faire occuper les maisons de commandements, bordjs et généralement tous points avancés et isolés au milieu des indigènes, par ces sortes de garnisons. Je n'y vois que des inconvénients et aucuns avantages.

L'oisiveté, la monotonie d'existence, l'excessive chaleur, l'isolement, dangereux pour tout le monde, à plus forte raison pour des hommes tourmentés de mauvais instincts, de mauvaises passions, peuvent souvent aigrir leur caractère, au lieu de le corriger, et leur faire contracter des vices déplorables. J'ai même entendu dire par des personnes très-dignes de foi, qu'il leur était arrivé de se livrer, dans le sud, à de sales et honteuses débauches avec les indigènes. Or, ceux-ci, qui ne peuvent guères juger les Français que d'après ceux qu'ils voient, arrivent à se persuader, avec une apparence de raison, que nous valons beaucoup moins qu'eux. C'est une grande faute, toujours à mon avis, pour le vainqueur, que de se laisser ainsi ravaler par le vaincu. Il devrait, au contraire, lui cacher les vices, les imperfections, les abus ou erreurs de sa civilisation, et ne lui en montrer que les beaux côtés. Voilà pour la morale. Mais voici un inconvénient d'un autre ordre : quelle que soit la surveillance active, dont on les entoure. la sévérité inflexible et rigoureuse avec laquelle on les frappe, sont-elles assez fortes pour les empêcher de s'échapper quelquefois pour aller rapiner au dehors au préjudice des voisins : cause de mécontentement, d'irritation, quelquefois de représailles, de vengeance ; en tous cas, résultats au moins négatifs pour la conquête ; tandis que de ce voisinage de nos postes et des indigènes on pourrait essayer d'en obtenir de réels, de féconds.

Les bordjs ou maisons de commandements devraient être placées au point de jonction de diverses tribus, comme Dra el-Mizan, de manière à pouvoir opérer sur elles, ou par la fusion, ou par la division, selon les besoins politiques... Mais ceci est de la compétence militaire, et je n'y entends rien ; aussi ne les envisagerai-je pas sous ce rapport.

Il devrait toujours y avoir autour ou à proximité de ces établissements des terres, appartenant à l'État, qui puissent être, au besoin, données en concession. Leur garnison devrait être toute spéciale et choisie parmi les *meilleurs sujets* des régiments, congédiables après deux ans ou même trois ans ; ce choix serait même pour eux une espèce de récompense. De plus, elles seraient recrutées, pour les maisons de commandant situées en Kabylie, de soldats ayant exercé l'une des professions suivantes : de jardinier, de pépiniériste, de vigneron, de meunier, de maçon, de forgeron, de charpentier-menuisier, de tisserand ; pour celles situées près des forêts : de bûcheron, de scieur de long et de charbonnier ; et pour celles situées en pays arabes, de soldats ayant servi dans la cavalerie et réputés pour aimer les chevaux et les bien soigner, et sachant une des professions suivantes : de meunier, meréchal-ferrant vétérinaire, berger, tondeur de troupeau, cultivateur, jardinier, maçon, foreur de puits, de tisserand. Avec des garnisons ainsi composées, les maisons de commandements ou *bordjs* se suffiraient bientôt à elles-mêmes pour une foule de choses nécessaires à la vie ; le bien-être pour le soldat, résultant de son travail, l'encouragerait à travailler, il pourrait même faire quelques économies, qui lui serviraient à l'expiration de son congé, et, en tout cas, pour cette époque, il aurait repris les habitudes de travail et pourrait devenir *bon* colon, sans transition.

Voilà pour le soldat. Il aurait nécessairement à sa disposition les outils nécessaires à l'exercice de son métier. Je ne parle pas d'un tailleur, d'un boucher et d'un boulanger ; c'est de rigueur : — un médecin serait indispensable. Il serait muni des remèdes nécessaires à la guérison des maladies de la peau, dont les indigènes sont assez souvent atteints !

Je ne fais qu'indiquer l'heureuse influence qu'aurait nécessairement la composition morale, intelligente et civilisatrice de ces garnisons spéciales sur les indigènes. Dans les cultures et les jardins entourant les bordjs, ils trouveraient des modèles d'application de nouvelles cultures et de nouveaux produits qui leur seraient si nécessaires, ou d'amélioration pour les leurs ; — dans nos soldats, des maîtres pratiques pour leur montrer à faire ce qui n'existe pas chez eux, ou à améliorer ce qui existe. Les maisons de commandement deviendraient ainsi, tout en conservant leur caractère et leur destination actuels, des espèces de fermes-modèles militaires.

En Afrique, maintenant surtout, ce n'est pas seulement les armes et les vertus militaires de nos soldats, de notre armée, qu'il faut savoir utiliser au profit de la consolidation de la conquête, mais aussi leur industrie, leurs connaissances, en un mot leur supériorité, à peu près en tout genre, sur les indigènes : après les armes de la guerre, les armes de la civilisation, petites et grandes !

Cela n'est pas, ce me semble, de la théorie toute pure, toute spéculative ; en tout cas il n'en coûterait rien, ou bien peu de chose, pour essayer de la pratiquer. Je n'ai pas le mérite de l'invention. L'idée m'est venue en voyant ce qui est ; il n'y aurait qu'à développer le germe.

La conquête par les armes a pour toujours renversé les grandes résistances de la nationalité arabe et abattu le vieux prestige de l'invincibilité Kabyle. Les grandes choses de la guerre sont accomplies ; ses affaires sont faites, et cela victorieusement, glorieusement. Les lauriers sont coupés, et, s'il en reste encore quelques pauvres petits maigrots, gênant la marche, à peine sont-ils bons à débroussailler. Aussi la conquête doit-elle enfin entrer dans une ère nouvelle, celle de la civilisation, et tous les moyens doivent concourir à l'y faire progresser, même les plus petits qui, dans leur sphère, ont souvent une certaine utilité ; or donc...... prenez mon ours. Du reste, ce que je dis pour l'Afrique, je voudrais le voir adopter sous d'autres rapports, dans toutes nos colonies, où on ne devrait jamais envoyer que d'excellents fonctionnaires, d'excellents magistrats, d'excellents militaires, qui aient assez d'habileté, de ressources en eux-mêmes pour agir, au besoin, à défaut d'instructions de la métropole ; qui sachent comprendre les choses nouvelles, en tous cas représentent partout la France fortement, dignement, et en donnent, à tous les peuples lointains, une haute idée.

Mon jeune officier me fait les honneurs de son fort construit par les Turcs : c'est une enceinte, à angles aigus, de murailles d'une grande épaisseur ; il domine le pays et regarde le Djurdjura du haut en bas, ou plutôt de bas en haut. Les Turcs y avaient une petite garnison, pour surveiller la route de Constantine ; mais ils ne mettaient pas le nez dehors. Une douzaine de gros canons en fer, sans affuts, sont déposés en file au milieu de la cour. Il me semble difficile, sinon impossible, de les mettre sur les murailles. Je ne sais trop comment les Turcs ont fait pour les transporter jusque-là. Du haut d'un angle du fort, où M. le lieutenant élève un aiglon du Djurjura, il me montre un petit jardin qu'il a créé près du bordj : c'est, avec la chasse, sa seule distraction. Nous rentrons pour prendre le café, qui est une excellente chose en Afrique ; la meilleure des boissons ; tout en désaltérant, elle agit d'une manière bienfaisante sur le cerveau et l'estomac ; aussi, en voyage, en ai-je toujours une provision. Sidi-Djoudi et Saïd le prennent avec nous ; puis, mon lieutenant nous régale de limonade à la glace, c'est-à-dire à la neige, venant des anfractuosités du Djurjura, ce qui ne laisse pas d'être agréable par quarante-cinq à cinquante degrés de chaleur.

« Mon officier, je vous remercie infiniment de votre cordiale hospitalité. Je l'ai trouvée d'autant plus à propos, que sans elle j'eusse fait un déjeûner à l'oignon cru et au pain sec. »

Nous remontons sur nos bêtes et traversons le ruisseau, où nous les faisons boire ; comme elles n'ont rien mangé, il faut au moins qu'elles boivent. Ces races de bêtes sont véritablement excellentes : elles marchent toujours, quelquefois même chargées outre mesure, par les plus mauvais chemins et les plus mauvais temps, la nuit, le jour, mangeant très-peu, ce qu'elles trouvent. On n'en prend pas le moindre soin.

Nous nous éloignons un peu du Djurjura, que nous laissons à gauche, et cheminons dans un pays légèrement accidenté, mal cultivé et dont le sol me paraît peu fertile. Les bas-fonds et les contre-forts, qui sont entre nous et le Djurdjura, me paraissent assez bien boisés ; je ne puis distinguer de quelles essences ; je crois cependant reconnaître que le pin y domine. Il doit y avoir dans ces fourrés de mauvaises bêtes, telles que panthères, hyènes, etc., et des sangliers, sans parler des hommes ; car c'est une espèce de frontière, qui avait autrefois une assez mauvaise réputation.

Nous sommes rejoints par deux serviteurs de Sidi-Djoudi : l'un, Ibrahim, homme de cinquante-cinq ans, taillé en Hercule ; j'ai sa mule, mais je m'en console en pensant qu'avec des membres comme les siens on peut bien se porter soi-même ; — l'autre a vingt-cinq ans ; il est petit, mal fait, très-laid et imberbe ; — il a une flûte en roseau dans le capuchon de son burnous : c'est un artiste ; il se nomme Ali. Les pauvres diables nous suivent en trottinant ; leurs chemises, leur unique vêtement, que n'a jamais touché le savon, sont trempées de sueur ; c'est l'eau qu'ils ont bue qui se tamise à travers leur cuir. Ce que c'est que de s'abandonner à ses instincts !

Ibrahim parvient à grimper derrière Sidi-Lahoussin, le kodja : deux bonnes têtes.

Vers trois heures nous quittons le chemin et remontons à droite un petit ruisseau, pendant une centaine de pas, et nous nous arrêtons devant deux gourbis, séparés par une espèce de cour close d'une haie sèche de branches de jujubier. Nous entrons par une ouverture, fermée au besoin par une claire-voie mobile, faites de petites branches. On s'empresse autour de Sidi. Deux dames, dont une demoiselle, se tiennent debout à l'entrée du gourbi, qui est à gauche, en entrant dans la cour.

Je m'approche de ces dames ; elles se retirent, mais doucement et sans s'effaroucher, ce que ne manqueraient pas de faire des bédouines, et pour ainsi dire, sans mouvement, comme des ombres, et tout en me regardant, sans me fixer à la manière des filles d'Eve, qui voient même sans regarder. — « Ne vous gênez pas, mes belles, je suis entièrement à votre disposition, mais à charge de revanche, en tout bien tout honneur pourtant, car je voyage pour le sentiment, seulement. »

Je mets le nez dans le gourbi ; c'est toujours la même chose. Une baraque aux clôtures de branchages, entremêlés de terre, formant une seule chambre, large de quatre à cinq mètres, longue de moins du double ; au toît en chaume à deux pentes. La porte est haute de près de deux mètres ; le sommet du toît de trois ou quatre ; pas de fenêtre. A l'un des bouts, celui où l'on abrite les chevaux, les veaux, les cabris, les bœufs de labour, pendant les pluies, le niveau du sol est un peu abaissé, dans un but que vous comprenez ; c'est-à-dire, pour éviter les écoulements dans le reste de la chambre ou plutôt de la maison. Au milieu est un petit trou pratiqué dans le sol servant de foyer et entouré de trois grosses pierres en guise de trois pieds. La fumée s'en va où elle peut ; mais surtout dans les yeux des gens ; ce qui est très-ennuyeux et fatiguant pour qui n'y est pas habitué. Je ne comprends pas même comment ces Kabyles ont encore des yeux, et surtout de si beaux. Le mobilier se compose de nattes faites de feuilles de palmiers-nains, de peaux de moutons tannées, tout d'une pièce et sans couture, contenant de la farine et du kouskoussou sec, de grandes marmites, de plats en terre cuite, peints, de cruches peintes, accrochées çà et là aux murs, et remplies de miel ou d'huile d'olive, de petites meules à mains pour moudre le blé. Mes deux dames continuent à me contempler. Elles ont pu voir, de loin, des militaires, mais, sans doute, c'est la première fois qu'elles voient un roumi en pékin. Aussi quel luxe! un habit de chasse de velours noir, du plus beau, pur coton; veste-gilet, à boutons de nacre, et pantalon en étoffe de laine, fond blanc à petites raies bleues; bottes molles à l'écuyère, avec éperons argentés; cravate-foulard de soie verte étoilée; foulard de poche rouge; chapeau de feutre gris à grands rebords; fusil Lefaucheux; montre en or, celle que m'a donnée Louis, à chaîne idem, accrochée à une boutonnière du gilet. — Mesdames, si vous n'êtes pas contentes et satisfaites, dites-le, afin que, pour repasser chez vous, je me fasse faire, tout exprès, le nouveau costume de ville de magistrat, tout laid qu'il soit, avec épée à poignée d'acier ciselé, jabot de dentelles de Bruxelles, de la plus belle, etc. Je n'ai encore pu me décider à m'orner de ce costume, surtout parceque, avec la ceinture rouge, il a un faux air de représentant du Peuple en exercice. Pourquoi n'a-t-on pas, comme pour le grand costume, la belle ceinture bleu de ciel? Cela le releverait un peu.

Je vous disais donc que, si Mesdames me contemplent en gros et en détail, je me promets le réciproque à leur égard. La plus âgée est une jeune mère d'au plus vingt-cinq ans ; elle est belle, mais déjà ses traits sont fatigués et son teint, sans être tout à fait maladif, a cependant, au fond, quelque chose de fiévreux ; elle est grande, svelte, et de haute race ; elle a le nez un peu aquilin, la bouche bien faite et légèrement grave, de grands yeux bleus. Ses vêtements sont à la fois et de la plus grande simplicité et de la plus grande malpropreté ; ils se composent de draperies de toile de coton commune, autrefois blanche ; les hauts bouts de la pièce de derrière sont attachés, en passant sur les épaules, aux hauts bouts de devant, un peu au-dessus des seins et de chaque côté, par deux énormes épingles-boucles en argent ; une chaîne en petits coquillages de mer, enfilés en longueur par un double fil en cuir, alternés de grosses perles plates, en verre de couleur, va de l'une à l'autre retombant par le milieu sur la poitrine et formant avec ses longs bouts pendants, une espèce de guirlande. Ces draperies sont ensuite serrées au-dessus des hanches par une ceinture en cordons de laine, de couleurs différentes. Les bras, les jambes et les pieds sont parfaitement nus ; elle a d'énormes boucles d'oreilles d'argent, mêlé de corail ; un collier de racine de corail ; des bracelets en argent et en corne noire, et aux jambes d'énormes anneaux en feuille d'argent épaisse et ornés de dessins en relief au repoussoir. Sa coiffure, d'où s'échappe de chaque côté des tempes des énormes nattes de cheveux tombant un peu au-dessous des joues, puis se repliant et se relevant par derrière et se perdant sous la coiffe, a quelque chose de très-original ; je vous la décrirai une autre fois. Cet ensemble n'est ni élégant, ni coquet ; mais a, en revanche, quelque chose d'artistique, d'antique, de biblique, qui serait à peindre. Le véritable ancien costume, que portent encore les vieilles et les femmes riches, se compose d'un immense haïck ou espèce de couverture en tissu de laine fine, très-long et de la hauteur de la taille moyenne d'une femme, blanc ou fond blanc avec bandes verticales ouvrées, de diverses couleurs, sans coupes ni coutures. Une femme s'habille, comme je viens de vous le dire, avec cette pièce seule d'étoffe de laine ; tout l'art consiste dans la pose des boucles-épingles, l'arrangement des plis, etc. Il n'y a qu'une femme qui puisse comprendre, deviner tout le parti qu'on peut tirer pour s'habiller, d'une couverture. Trois ou quatre enfants, petits garçons et petites filles, sont à ses côtés, fort légèrements vêtus. Un des petits garçons n'a même pour tout vêtement et pour se préserver du soleil qu'une petite queue de cheveux qui, du haut de sa petite tête rasée, lui pend sur la nuque. Ils sont tous parfaitement crasseux, pouilleux et morveux, quoiqu'il aient chacun, au bout de chaque bras, de petits mouchoirs de poche naturels. Les dames et les demoiselles, du reste, n'en ont pas d'autres ; elles s'en servent même très-proprement et prestement ; elles se mouchent avec, mais pas dedans, avec un coin seulement. c'est-à-dire, en appuyant l'index alternativement sur chaque côté du nez...... Vous comprenez le reste.

Sidi m'appelle, et j'entre dans l'autre gourbi, où il s'est installé ; il est plus petit ; c'est à peu près la même disposition intérieure ; le mobilier est augmenté de quelques vieux bâts de mulet, d'une selle de cheval, d'un long fusil enveloppé de chiffons de laine et d'un métier à tisser. On apporte le *kouskoussou* de l'hospitalité avec les cuillers ; courte prière et lavement de mains avant, *idem* après. Pendant que Sidi s'entretient avec quelques Kabyles ; que Saïd raccommode mon sac de chasse ; car il est étonnant, Saïd, il est universel ; il brode les burnous, écrit, récite la prière, possède son Coran, fait en relief des plans de son pays en terre et je ne sais encore quoi, je m'amuse à examiner le métier à tisser, contre lequel je suis adossé, et le haïk en œuvre. Sidi, remarquant mon attention, appelle l'ouvrière, l'Arachné Kabyle ; c'est la jeune fille. Elle s'approche sans timidité, sans embarras, comme sans affectation, en fille qui sait son monde, et se place derrière le métier, faisant face à la société ; puis moitié souriant, moitié sérieusement, elle passe quelques fils de trame sans autre navette que ses dix doigts ; elle les rabat ensuite avec une espèce de peigne en fer à manche, C'est, comme sa sœur, une jolie blonde aux yeux bleus très-clairs ; à la taille élancée, aux manières faciles et aisées ; elle a sous son sourire agréable et frais deux rangées de charmantes dents blanches. Il y a, dans son regard, quelque chose qui dit que la commère sait son prix. Je prends le mot prix au figuré ; mais je pourrais le prendre aussi dans son sens réel, car ici les papas ne donnent en mariage leurs chers enfants qu'à beaux deniers comptants, de même qu'en France ferait un fermier de ses blanches brebis ; mais pour un plus haut prix seulement. Cet usage paraît tout d'abord fort humiliant pour l'humanité féminine, cependant, en y réfléchissant un peu, on est bientôt obligé de reconnaitre qu'il n'en est rien, au contraire, sauf l'abus. En effet, acheter une femme pour un jeune Kabyle, c'est mériter ce bien suprême ; car la plupart des jeunes gens Kabyles, n'ayant ni sous, ni mailles, sont obligés d'aller au loin, jusqu'à Tunis même, gagner par leur industrie, leur travail, de quoi se procurer, acheter cette bonne denrée, dont personne ne peut se passer, et, comme elle leur a coûté cher, ils y sont attachés.

C'est qu'il en coûte, pour s'avantager, se bonifier, se gratifier, s'orner, se meubler, s'enrichir, s'améliorer, se moraliser, se compléter, etc., etc., etc., et finalement, se martyriser, oh, pardon, je veux dire, se sanctifier, d'une épouse. Le maximum de la valeur, je veux dire du prix, car la valeur d'une femme n'a pas de maximum, elle est infinie, est de deux mille francs, qualité supérieure, extra-fine. Cependant le prix moyen des qualités, bon ordinaire, est de cinq à six cents francs. Il n'y a pas, du reste, et il ne pourrait y avoir de tarif absolu. Le prix ne se discute et ne se règle pas toujours d'après la valeur intrinsèque de l'objet, mais d'après la fortune et le caractère de l'acheteur, ses entraînements, etc. Ce n'est pas tout ; outre le prix principal, il faut les accessoires : une maison, un champ, des oliviers, des figuiers, une chèvre, etc. Or, un jeune Kabyle travaillant au dehors, généralement du métier de journalier, gagne, pendant trois ou quatre mois par année, de trente à quarante sous par jour, et il a quelquefois un vieux père, une vieille mère à nourrir. Calculez, d'après cela, ce qu'il faut de peines et de sueurs pour amasser de quoi avoir pignon sur rue, et, le bonheur du foyer, femme au logis.

Voyez plutôt nos villageois, comme ils sont attachés au coin de terre, qu'ils ont gagné à la sueur de leur front ; avec quelle ardeur, quelle opiniâtreté ils le cultivent, ils le soignent. D'un autre côté, les filles Kabyles ont aussi leur petit amour-propre ; elles tiennent à valoir un bon prix et à ne pas être données pour le prix d'un cabri ou même d'une brebis ; elles ont beaucoup à faire pour devenir bonne femme de ménage, beaucoup à apprendre, car la femme fait à peu près tout. Elle file la laine avec un fuseau à la main ; elle fait toute espèce de tissu au métier : burnous. haïk, tellis, etc ; elle façonne la poterie petite et grosse, la peint, la fait cuire, elle teint les tissus ; elle moud le blé entre deux petites meules, placées entre ses jambes, et dont elle fait tourner l'une sur l'autre avec la main ; elle tamise la farine ; la prépare en *couscoussou* ou en pâte, fait la galette, etc. ; je ne parle pas du reste : de traire les bêtes ; d'aller chercher à dos du bois, de l'eau, des herbages, et de travailler à la terre, etc. Vous voyez que la femme kabyle a fort à faire pour devenir une femme accomplie. Il n'y a que deux choses qu'elle n'apprend pas : à coudre et à parler ; à parler, parce que cela lui vient assez naturellement, et à coudre, parce que la malheureuse n'a rien à coudre. Les chemises que portent les hommes sont achetées sur les marchés et faites par des hommes dans les villages, surtout des Beni Abbès ; les femmes n'en ont pas : c'est du luxe.

Quoi qu'on puisse dire de ces marchés matrimoniaux, tout le monde, en définitive, y gagne : le papa de la demoiselle une dot, qui lui permet d'acheter une épouse neuve et de refaire ainsi son petit troupeau ; la fille, toujours un mari, ce qui fait faute à bon nombre de nos demoiselles en France et ailleurs. Quant à l'épouseur, il y gagne encore plus que tous les autres ; car, quel que soit le haut prix de l'épousée, il ne paie jamais ce que vaut cette bonne, cette précieuse denrée. Je suis persuadé que si cet usage matrimonial, cette mode venaient à être connus en France, ils y feraient rapidement révolution et vogue parmi nos demoiselles, avec quelques modifications cependant, par exemple, pour ces chères bonnes, de choisir un petit peu et de s'appliquer la dot ; rien de plus juste. Aussi, comme je ne suis pas marié, je me garde bien de faire connaître ce que je viens de vous dire, et je vous recommande même à cet égard, ma chère Léonie, le plus profond secret. Quand je serai marié, alors je ne dis pas ; mais, jusque-là, *motus*, garottez votre langue. Ce n'est pas facile, me direz-vous : Il vous en coûtera beaucoup ; mais je vous crois capable des plus grands sacrifices par amour fraternel Non, vous pouvez parler ; cet usage n'est pas possible en France, et voici pourquoi : Nos demoiselles étant sans prix, ne pourraient conséquemment être épousées par personne, à moins, cependant, que, bonnes âmes charitables et compâtissantes, elles n'aient pitié et compassion, etc. Vous riez et dites : M. Félix est un intrigant ; il s'imagine qu'on prend nos demoiselles avec des morceaux de sucre, comme ses petites Bédouines, ses petites Kabyles !....

Sidi me frappe légèrement sur le genou et me regarde en dessous, souriant de son sourire de vieux croquepoule : « Doucement, mon juge ; ne poussons pas trop loin les études de mœurs, et n'oublions pas que nous voyageons pour le sentiment seulement. » Que voulez-vous, on se laisse facilement distraire en une route qui, d'ailleurs, ne sera peut-être pas sans cassecou. Mademoiselle Saada a beaucoup d'aisance dans les mouvements, surtout du haut du corps, qui n'est point emprisonné, guindé, ficelé dans un corset. Elle est vêtue comme sa sœur ; mais elle a la tête nue, à la mode des demoiselles des Beni-Ala. Une raie, allant du haut du front à la nuque, partage ses longs cheveux : ils sont ensuite divisés, de chaque côté, en trois ou quatre longues tresses mêlées, vers leurs extrémités, de cordons de laine noire, dont les bouts sont réunis dans un nœud, tombant et se mouvant sur le dos. Cette coiffure est très-originale et rappelle celle des belles filles badoises. Je lui donne une paire de petits ciseaux ; c'est peu galant, mais je n'ai pas autre chose ; pourvu que son père ou son frère ne les lui chippent pas. Si tous les Beni-Ala sont des blonds et des blondes aux yeux bleus, comme ces messieurs et ces dames, ils pourraient bien descendre des Vandales.

Nous repartons, Sidi, Idir et moi ; les autres ont depuis longtemps pris le devant. Nous passons près d'un bloc de vieille maçonnerie au bord d'un ravin ; est-ce une arche de pont, est-ce un reste de tour ? Si notre savant bibliothécaire, M. Berbrugger, était avec nous, il nous le dirait ; en tout cas c'est du romain.

Nous marchons une heure, puis nous nous

arrêtons sur une éminence devant une tente élevée pour nous. Nous dominons une espèce de plateau, sans culture, et sommes entourés de buissons très-épais de lentisques, qui nous cachent en partie quelques gourbis; nous trouvons là tout notre monde nous attendant avec les habitants des gourbis. La réunion est nombreuse; on cause d'affaires avec Sidi; on nous apporte quelques galettes chaudes, où il n'y a pas de beurre, mais beaucoup de sel, et du lait aigre, *lebenn*; — c'est la croûte de pain et le verre de vin lorrains, avant le repas solide.

Lorsqu'on arrive quelque part, les femmes se mettent tout de suite à allumer le feu et à pétrir la pâte; elles étendent la pâte en forme de galette, puis la placent dans un four de campagne sans couvercle, posé sur des braises; quand elle est à peu près cuite d'un côté, elle est retournée de l'autre, puis, servez chaud! On me fait la politesse d'un plat d'œufs brouillés. —

Bien, voilà Ibrahim qui a des mots, des difficultés avec le cheval noir de Sidi: ces deux animaux se sont pris réciproquement en grippe; ils en viennent aux mains, ou plutôt aux pieds. Ibrahim, malgré ses gros os, n'est pas le plus fort; il est furieux, le cheval aussi. Il vient, tout ému, montrer ses écorchures à Sidi. Dans le combat sa chemise a été déchirée par derrière de bas en haut jusqu'au dos, et c'est son seul vêtement: les Kabayls l'appellent *akandour*, je lui donnerai ce nom par respect pour le langage ; il la montre à Sidi, d'un air piteux, sans trop prendre garde à ce qu'elle ne couvre plus, ce qui fait rire beaucoup les autres. Je lui bassine ses excoriations, celles de devant, avec de l'eau de sel : « Ça pique, mon vieux, mais c'est pour ton bien. » —

De petits enfants, aux rires joyeux, jouent derrière nous : ils montent à quatre pattes sur un tas de fumier, puis se roulent en bas ; ils sont, sans s'en douter, parfaitement sales de peau et de guenilles.

Sidi fait la prière ; il est marabout et arrière petit-fils d'un marabout renommé, ce qui lui donne un caractère religieux. Aussi la prière est-elle faite avec une certaine solennité. Sidi a personnellement de la dignité, du maintien religieux et une voix qui ne manque pas d'onction. Les Kabyles répètent la prière en se prosternant ; cette manière simple, sans autre apprêt que la ferveur des fidèles, de faire la prière en commun, à quelque chose qui rappelle les premiers âges, à ce que je crois, du moins.

J'ai entendu dire par un grave personnage de beaucoup d'érudition, d'esprit et de verve, surtout avec les dames, que Mahommed était quelque chose comme un...., et sa religion quelque chose comme une..... Ce jugement paraît un peu hasardé, quand on voit des musulmans prier ; et ils prient tous, plus ou moins. Le christianisme s'est implanté chez des populations adonnées, il est vrai, au paganisme, mais quand déjà l'idée de l'unité de Dieu ébranlait cette religion ; quand l'éclat de la vive lumière rayonnant de cette grande vérité éblouissait, éclipsait dieux et déesses et tout leur monde, leurs gens, leur humaine cour, faisait écrouler, fondre et couler, du haut de leur piédestal de granit, le marbre et le bronze de leurs statues.

Mais Mahommed avait affaire à des peuples encore plongés dans les ténèbres les plus épaisses de l'idolâtrie, du fétichisme le plus grossier, en un mot, dans le culte aveugle de la peur, de la terreur, de la matière ; et malgré cela il a fait pénétrer l'idée de l'unité de Dieu jusqu'au fond de l'Afrique, au milieu de ces peuples de nègres, s'élevant à peine au-dessus de la brute. Il me semble qu'il a fait faire un progrès, un pas vers le christianisme à cette partie de l'humanité. Du point de vue même chrétien, il faut lui en savoir gré.

De plus, en moralisant et légitimant le libertinage par le mariage ; en imposant des sacrifices, des devoirs nouveaux. tels que le Ramadan, par exemple, il a habitué les peuples à des règles religieuses. Ces peuples n'auraient peut-être pas voulu de devoirs, de sacrifices trop rigoureux, tels que le christianisme en impose. La foi et le sentiment religieux que Mahommed a su inspirer à ses adeptes, sont très-forts et très-vivaces ; cependant il ne faut pas trop s'en étonner ni les vanter trop haut : il n'y aurait pas de quoi. En effet, l'islamisme ne demande pas beaucoup et permet beaucoup. Tout en exaltant l'homme par son principe de spiritualisme, il favorise en même temps ses passions et ses jouissances en lui permettant la pluralité des femmes et en érigeant ainsi, pour ainsi dire, son absolue omnipotence et son orgueil, en proclamant sa supériorité sur tous les hommes, parce qu'il est musulman. Quant aux devoirs religieux, sacrifices et privations, à en juger par ce qui se passe sous nos yeux, en pratique, du moins, ce ne serait que le pèlerinage à la Mecque et le ramadan, sacrifices qui, tout en donnant aux fidèles une haute idée de leur énergie, ne sont, après tout, cependant, et comparativement, que fort peu de chose. Le culte extérieur est à peu près nul. Pas de cérémonies compliquées ; la prière, rien que la prière avec ou sans prêtre, isolément ou en commun, chez soi, à la mosquée ou partout où l'on se trouve ; le tout d'une grande simplicité et ne prêtant en rien au sarcasme, si ce n'est pourtant les cabrioles qui accompagnent les prières Debout qu'ils sont, les fidèles, dans un moment donné, tombent tous en même temps à genoux ; puis, par un mouvement de bascule, se prosternent, la tête en bas et le reste en l'air, et demeurent ainsi dans cette étrange position de Pourceaugnac résigné pendant quelques instants. Ces évolutions gymnastiques très-répétées, pendant la prière, et qui pourraient bien être la cause première de l'ampleur excessive des pantalons des musulmans, ou du moins, qui l'expliquent, car les fidèles se livrant en pantalon, collant ou même étroit, à ces exercices de piété, courraient grands risques, l'étoffe ou la couture manquant, de s'exposer à de graves et risibles manquements à la bienséance la moins scrupuleuse ; ces évolutions religio-gymnastiques, dis-je, sont du reste fort hygiéniques, pour gens qui aiment mieux être assis que debout, et couchés qu'assis.

Vous voyez, après tout, qu'il n'est pas bien difficile, et que même, pour bien des gens, il ne serait pas sans agréments, beaucoup d'agréments, d'être vrai croyant, aussi il n'y a pas de protestants.

L'islamisme, a aussi un grand avantage social, c'est son unité. En effet, les dissidents, d'accord sur le principe, ne paraissent pas, à en juger par ce qui se passe ici, dans la vie religieuse pratique, attacher beaucoup d'importance aux dissidences qui peuvent exister entre eux ; en tous cas elles ne les empêchent pas de prier dans les mêmes mosquées et de former des alliances. Mahommed, en homme de vaste et profonde portée, a su sacrifier à la forme pour avoir le fond. Ainsi, on raconte que quatre envoyés de quatre grands peuples différents d'Orient, étant venus étudier sa doctrine, lui dirent, un jour : « ta religion est bonne en son essence. » Puis ajoutèrent l'un après l'autre, « mais : moi je prie les mains sur la tête ; moi les mains sur le cœur ; moi les bras croisés sur la poitrine ; moi les bras pendants, et ça a été toujours comme cela. »

Alors Mahommed leur répondit : « toi, mets les mains

sur ta tête, toi, mets la main sur ton cœur; toi, croise les bras sur ta poitrine; toi, laisse pendre tes bras; maintenant que chacun de vous répète avec moi : Dieu est Dieu et Mahommed est son prophète. » Et chacun répéta Dieu est Dieu et Mahommed est son prophète.

« Allez, maintenant, acclama Mahommed, la lumière s'est faite en vous; vous êtes de vrais croyans, soyez à votre tour la lumière de vos peuples. »

Et chacun d'eux s'en retourna satisfait, en son amour-propre, que le grand prophète eut accepté quelque chose de ce qu'il respectait, et émerveillé de la grandeur d'une religion, au-dessus de la forme, et chacun prêcha le dogme de Mahommed à son peuple et l'y convertit, tout en conservant son ancienne manière extérieure de prier; puis, progressant, la vieille forme fut abandonnée pour la nouvelle; et ainsi le fond emporte la forme chez tous les peuples convertis, et il y eut unité entière, en la forme et au fond.

Le catholicisme est philosophiquement, socialement et politiquement la plus excellente, la plus parfaite des religions, et par la sublimité et la pureté de ses dogmes et l'élévation de sa morale et par les devoirs sociaux individuels qu'elle impose et par son unité. Aussi le parfait catholique est-il l'homme parfait par excellence. Mais n'est-il pas des degrés de perfections dans le catholicisme? Repousse-t-il de son sein les imperfections? non. Pourquoi donc ne considérerait-il pas les dissidences comme des imperfections; les dissidents comme des aveugles et des ignorants, et ne leur ouvrirait-il pas ses portes ? Venez prier.

L'esprit de paix, de charité et de concorde est de l'essence du christianisme, et cependant il n'est pas de religion où les dissidences, entre elles, soient plus grandes, plus haineuses, plus acharnées, plus hostiles. Il est temps que les enfants de cette grande religion rentrent enfin dans son giron. Les dissidences, d'ailleurs, n'ont plus de nos jours de prétexte d'être, aussi tomberont-elles d'elles-mêmes, et commencent-elles même déjà à tomber. Le catholicisme a élargi ses voies. Qu'il rallie dans son unité tous les chrétiens. Son esprit est partout, il a pénétré ; il a même gagné les autres religions et les domine. Un mot caractérise ce progrès, mot profond. Un savant rabin, rabin français, me disait un jour à Alger, en me parlant des Juifs français, par comparaison avec les Juifs algériens : les Juifs romains. Et les Juifs romains sont les Juifs relevés, les Juifs français. Unité. Exemple pour les dissidents français.

On m'invite à me joindre aux fidèles; mais je m'excuse ; n'étant pas de la paroisse; je crois que, si je priais à la manière de mon enfance, cela aurait un grand effet ; le temple, d'ailleurs, est grandiose et majestueux ; pour dôme, le ciel, qui commence à s'étoiler ; pour autel, le Djurjura ; pour flambeaux, les reflets du soleil couchant, et pour musique les harmonies indicibles, infinies de la nuit, répandues dans les airs et sur la terre.

La prière terminée, on apporte le kouskoussou ; c'est le repas substantiel. Saïd a repris sa gaîté ; il est charmant et plein d'attention pour moi. On m'offre à part dans un petit plat peint du kouskoussou au poulet. « Mon cher Saïd, vous êtes trop sur votre bouche. » Je partage avec lui, règle générale et particulière : quand un indigène quelconque, Arabe ou Kabyle, mais surtout un Arabe, vous fait des avances, des prévenances, n'ayez pas la sottise de vous imaginer que c'est pour vos beaux yeux ; il a toujours une arrière pensée d'intérêt personnel quelconque. Il est bien rare d'en rencontrer d'obligeant pour le plaisir en lui-même d'être obligeant ; ils n'ont pas la charité, c'est une des grandes différences qui existent entre le chrétien et le musulman.

Dans la soirée, le frère du kaïd, qui nous fait les honneurs de l'hospitalité, car le kaïd est à la grande fantasia d'Aumale, me montre ses lèvres tuméfiées, je ne sais pourquoi. Les indigènes croient que tous les roumis savent toujours un peu de médecine. J'ai sur moi un flacon d'alcali camphré, je lui en fait bassiner les lèvres ; cela ne peut pas faire de mal...: un désinfectant ; « ça brûle, mon jeune ami, mais c'est pour votre bien. » Saïd me fait mon lit ; il étend mon tapis sur les nattes et arrange mes besaces en oreiller ; or, il y a dans mes besaces du sucre en morceaux, une cafetière, etc. Il a mis mes bottes sous mon oreiller. Je sens quelque chose de piquant..... c'est un éperon ! fichtre, si cette plume m'était entrée dans l'œil ! tout le monde s'étend, Sidi à mes côtés ; les uns sous la tente, les autres dehors, enveloppés dans leurs burnous et sans aucune espèce d'oreiller ; la tente reste toute grande ouverte et la lune nous sert de veilleuse.

Mardi, 16 août 1855.

Le lendemain nous sommes en route avant le jour et déjà il fait chaud. Nous descendons le cours de l'oued Sahel, en longeant de loin, à notre droite, la chaîne du Djurjura et de tout près à notre gauche, les petites montagnes des Beni-Ala. La vallée n'a guère plus d'une lieue de longueur. La partie, que nous parcourons, est bien cultivée en blé, déjà récolté. Nous rencontrons, allant à Alger et dans la Métidja, ou en revenant, des journaliers Kabyles ; on échange toujours des ouachalek, etc. Près de la rivière nous trouvons un vieux Kabyle, poussant devant lui un petit mulet aussi vieux que lui. Sidi s'arrête ; grands compliments de part et d'autre ; le vieillard est vieux comme le Djurjura ; il a le crâne complètement chauve ; il est à peine vêtu ; c'est la statue vivante du temps, du vieux temps. Sidi, qui n'est plus un jeune homme, l'a toujours vu ainsi ; il a dû voir passer bien des générations. A-t-il un siècle et demi ou deux siècles, personne ne le sait ni lui non plus. Il ne reste pour lui, de son jeune temps, que le Djurjura, l'oued, les vallées, en un mot, la terre et les cieux. Sidi ne manque jamais de saluer les vieux et vieilles, quelque mal ou peu vêtus qu'ils soient. Il est honnête, il est bon prince avec tout le monde.

Si j'étais chasseur, comme j'abattrais des perdrix ; il y en a ici beaucoup, elles se laissent approcher à trente pas,

Vers huit heures, nous quittons le chemin qui est très-battu et très-fréquenté : il conduit aux Beni-Abbès, tribu fort industrieuse et marchande, et à Constantine. Nous allons faire halte à une portée de fusil, sur une hauteur où est un groupe de petites maisons en pierre. Nous y sommes bien reçus. Pendant que Sidi fait ses affaires, je vais avec Saïd reconnaître un petit bois de pins : les arbres sont abimés par l'incendie ; mais il y a beaucoup de semis naturels ; ce qui prouve que cette essence viendrait bien, si on la laissait venir. En rentrant, je trouve Sidi installé sous un gourbi d'un nouveau genre ; il est fait de jeunes pins serrés les uns près des autres ; le petit bout en haut ; c'est un abri d'été. Il y a nombreuse

compagnie, entre autres une femme entre deux
âges, d'une figure très-expressive et très-agréable, et un homme d'une cinquantaine d'années.
C'est un marabout, mais, à ce qu'il paraît,
de l'espèce loustic. Il a la figure très-mobile, gaie
et originale. Je ne sais ce qu'il raconte, mais il fait
rire toute la société, surtout un kabyle de notre
suite, poilu et barbu jusqu'aux yeux et à face
rébarbative. Il a un tout petit mal blanc au doigt
et il demande à tout le monde un remède pour le
guérir ; le barbu lui propose la pointe d'une grosse
aiguille, et, au moment où il va percer le mal,
mon Marabout se récrie et se retire le doigt en
faisant une foule de grimaces comiques d'enfant
peureux, ce qui augmente l'hilarité générale. Je ne
sais trop quel remède il demande à voix basse à la
femme qui est à ses côtés ; celle-ci lui répond, en
lui mettant la main sur la bouche ; il semble
qu'elle lui dit : veux-tu bien te taire, p.... L'hilarité éclate plus fort que jamais ; mon barbu surtout
se tord comme une anguille. Sidi-Djoudi se retourne,
sans faire semblant d'entendre et fait mine, tout
en riant sous cape, de chercher quelque chose
dans ses effets. Quelle gaieté. Le koukoussou qu'on
apporte, suspend les rires de tous, sauf pourtant
de mon barbu, qui pousse de temps en temps
des pointes de rires étouffés.

Après le repas, je sors un instant, le marabout
me demande de la poudre ; je lui en donne un peu ;

aussitôt toutes les mains se tendent. Au moment de repartir, j'aperçois un groupe de dames et de demoiselles devant l'entrée d'un gourbi. Quand je dis dames et demoiselles, c'est par habitude et par politesse, car il n'y a en Kabylie ni dames, ni demoiselles, mais des femmes et des filles. Ces dénominations étaient autrefois, en France, nobiliaires, quoiqu'elles soient devenues aujourd'hui d'une appellation générale. Or, en Kabylie, les femmes n'ayant aucun droit, pas même le droit successif, n'ont à plus forte raison aucun titre de noblesse, à l'exception très-rare de quelques femmes maraboutes (saintes), auxquelles on donne le titre de lella (madame). Leurs seuls titres de noblesse: c'est d'être tour à tour bonne et chère fille ; bonne et chère femme ; bonne et chère et digne mère. Titres de noblesse d'une valeur intrinsèque des plus précieuses en tous temps, en tous lieux, en toutes circonstances, et jamais embarrassants. Les femmes et les filles s'appellent tout simplement du nom que les parents leur ont donné à leur naissance. Dans la famille, c'est Dabya, Thessadite, Mohadjouba, etc. Je m'approche pour les examiner, c'est toujours le même costume, plus malpropre que jamais. Il y a quelques têtes qui sont assez bien. En quittant les gourbis, un chacal part dans les broussailles et Saïd, qui ne perd pas l'occasion de faire voir devant le sexe comme il monte mal à cheval, court à sa poursuite, mais la bête disparait dans les broussailles. Idir et

Saïd m'amusent beaucoup avec leur air de vouloir imiter les Arabes à cheval. Sidi leur a donné ou prêté une paire d'éperons français; ils se les sont scrupuleusement partagés, un pour chacun. Vers une heure, nous nous arrêtons sous des oliviers sauvages, au bord du lit, presqu'à sec de la rivière. Idir arrange un petit endroit, à l'ombre, avec un tapis, et Sidi s'y retire pour faire la sieste; on m'étend mon tapis non loin de lui. Saïd et Idir, qui se jalousent les bonnes grâces de Sidi, leur patron, se prennent de bec, je ne sais pour quel petit motif, relatif à leur service près de lui; ils se disputent violemment à faire croire qu'ils vont s'entredévorer. Cependant Sidi ne semble pas y prêter la moindre attention; il paraît très-prudent, Sidi; il pense, sans doute, qu'il ne pourrait probablement pas les empêcher de brailler, ce qui est dans l'habitude des Kabyles; il les laisse donc aller et s'épuiser d'eux-mêmes, sans compromettre sa dignité. Saïd est très-jaloux d'Idir, qui n'a pas son genre d'intelligence et son instruction relative, mais qui absorbe Sidi par ses attentions, ses soins, etc.

Idir est un homme de quarante ans; il a été à Tunis, où il a fait je ne sais trop quel métier; il est grand et svelte; il a la moustache en chat, ce qui fait dire à Saïd qu'il a l'air d'un chacal, expression de mépris. Il est l'homme de confiance de Sidi, son porte-bourse, son écuyer servant, son barbier, je ne sais quoi d'autre encore. Il n'a pas le rire franc des Kabyles, quoiqu'il soit aussi rieur.

Saïd est un jeune homme de vingt-cinq ans, à l'œil vif et très-intelligent ; il a le nez un peu épaté, les lèvres grosses et sensuelles, la bouche grande, surtout quand il rit, ce qui lui arrive souvent, car il est très-gai et moqueur ; alors il découvre de magnifiques dents blanches ; sa taille est moyenne ; comme je vous l'ai dit, il sait faire de tout ; il a fait son éducation dans la Zaouya de Ben-Dris, où on vous demande en entrant : « Veux-tu être étudiant du bâton ou de la science, c'est-à-dire veux-tu être voleur de grand chemin ou savant. » Je compte visiter cette école qui est du côté de Bougie, bien entendu après avoir vidé mes poches avant d'y entrer, et je vous en reparlerai. Les cours de morale, en supposant qu'il y en ait, ne doivent pas y être très-forts. Saïd est de plus el-Hadj, c'est-à-dire pèlerin de la Mecque ; ce qui lui donne un certain prestige. L'année dernière je l'ai conduit à un bal, déguisé, dans une loge ; il s'amusait beaucoup de ce qu'il voyait et penchait la tête dans l'intérieur pour mieux voir. Il fut aperçu par un pierrot, qui voulut l'entreprendre, mais mon pèlerin, le prenant pour un espèce de fou, lui rit au nez d'une manière si moqueuse, que le pauvre pierrot fut à son tour tout déconcerté et resta coi. Il est surtout attaché à la personne de Hamed, l'aîné des deux fils de Sidi. Il a fait de mémoire, sous la direction de M. Devaux, un plan en relief en terre, d'une partie de la Kabylie, où sont figurés ou indiqués les montagnes, les ravins, les chemins, les ruisseaux, etc.; il doit avoir à un haut degré la bosse de la géographie et de la plastique.

Pendant que Sidi fait la sieste, je cause, comme je peux, avec quelques Kabyles réunis autour de moi. Un jeune homme de vingt-et-un ans, aux grands yeux noirs, aux dents blanches, à la figure douce et presque mélancolique, qui ne me quitte guère depuis ce matin, me demande si je veux aller au Babor, montagne entre Bougie et Djigelly, et me propose de m'y accompagner. Qu'est-ce qui me l'envoie ou le charge de me surveiller? Saïd en a pris ombrage. Il faut bien se tenir avec ces hommes à humeur changeante, à petites idées, petits intérêts pour n'en mécontenter aucun, les ménager tous, et conserver avec chacun de bonnes relations; j'ai déjà remarqué que Sidi, sous ce rapport, était passé maître.

Pendant que nous causons, un cheval tend le cou, puis le museau, si long et si adroitement, qu'il parvient à happer un petit biscuit dans un couffin, m'appartenant, suspendu à une branche d'arbre assez élevée, et que je croyais hors de sa portée : j'avais un couteau à la main : je fais un mouvement pour faire reculer l'animal; mon couteau disparaît. Ce n'était qu'un couteau de cinq sous, cependant cela me déplaît, je fais semblant de l'avoir perdu, si mes farceurs le cherchaient dans quelque pli de leurs burnous, au lieu de le chercher par terre, ils l'y trouveraient certainement, je soupçonne quelqu'un ; dorénavant je veillerai à mon mobilier.

Nous nous remettons en route vers trois heures ; nous traversons de nouveau la rivière. Qu'a donc Brahim ! il parle avec colère à Sidi. J'entends le mot douro (pièce de cinq francs); ce mot revient du reste très-souvent dans la conversation entre Kabyles; il nous quitte de mauvaise humeur. Sidi le rappelle de sa douce voix, Brahim, Brahim ; rien ; Saïd s'élance à sa poursuite... rien ! quelle mouche l'a piqué?

Nous passons près d'une prairie traversée par de petits canaux d'irrigation, faits à la houe, se continuant dans un champ de pastèques, un peu plus bas, puis, près d'une petite meule longue et étroite, haute de deux mètres au plus et fort bien entendue; elle est entourée, jusqu'à une certaine hauteur, et ainsi défendue contre les troupeaux par une espèce de haie de branches de jujubier très-épaisse et couverte d'une espèce de chaume; le tout très-bien lié avec des ficelles faites de fibres de palmiers nains.

Le sol végétal ne paraît pas profond ; il doit être inondé pendant l'hiver par les débordemens de la rivière, car je remarque aux arbres des traces du passage et du séjour des eaux, telles que roseaux et joncs entraînés et accrochés d'une certaine façon. Nous traversons de petits bois fort pittoresques de gros genévriers et de thuyas. Nous nous rapprochons de plus en plus du pied du Djurjura. Voici des pins! Nous nous arrêtons au bord d'un ruisseau, de trois ou quatre mètres de largeur et d'un peu moins d'un demi mètre de profondeur, descendant du Djurjura; l'eau y coule limpide, abondante et rapide, sur de gros cailloux. Nous entrons dans le domaine de notre grand marabout, de Sidi-Djoudi. Au milieu d'un bois de pins, j'aperçois une petite construction ; c'est un moulin. Il faut se baisser pour y entrer ; il forme un carré d'environ quatre mètres de chaque côté. La meule est au milieu et tourne à découvert, de façon que la farine se répand tout autour et saupoudre les murailles, le toit ; le meunier et sa barbe, sa tête, ses sourcils, et de la tête aux pieds; des peaux de moutons tannées remplies de farine, de blé ou d'orge, sont déposées à terre, près des murs. La roue n'est pas mue par le ruisseau lui-même ; mais par une prise d'eau qui y a été faite plus haut. L'arbre tourne verticalement sur lui-même ; son haut bout est engréné dans la meule supérieure ; son bas bout est garni, tout autour, de palettes horizontales, comme les jantes autour du moyeu, dans une roue. La chute d'eau tombe sur ces palettes et la machine tourne. Le tout, meule et charpente, coûte de cent à cent cinquante francs. Je retrouve Brahim avec le meunier ; il boude, je lui reproche de n'être pas venu à mon appel : il me répond qu'il ne m'a pas entendu et paraît satisfait de ce que je me suis inquiété de ce qu'ils nous ont quittés.

Si les pins étaient plus beaux, c'est-à-dire plus gros, on pourrait très-bien les utiliser et les convertir en planches, perches, madriers, etc., au moyen de scieries établies sur le ruisseau, dont les eaux doivent être toujours abondantes, puisque nous sommes à une époque où toutes les rivières ou cours d'eau sont généralement à sec en Algérie.

Les Kabyles ont beaucoup de ressources, dont ils ne savent pas bien tirer parti, quoiqu'ils ne les ignorent pas entièrement : les canaux d'irrigation, le moulin informe, que je viens de voir, chose que, du reste, j'ai déjà rencontrée dans d'autres parties de la Kabylie, prouvent qu'ils ont le germe des industries agricoles. Je voudrais bien savoir comment étaient faits les moulins des Romains ? J'offre un morceau de chocolat informe, car la chaleur l'a fondu, à Sidi-Djoudi, mais il se défie de la couleur de la friandise. Idir n'est pas si difficile. Sidi-Djoudi remonte sur la mule, que lui laisse Lahoussin ; celui-ci fait mine d'enfourcher le cheval noir de Sidi, mais le vieux kodja, secrétaire, n'est pas très-ingambe ; il fait plusieurs tentatives inutiles ; le cheval, d'ailleurs, se rebiffe ; on dirait qu'il ne veut pas se laisser monter par un aussi humble cavalier de mulet. Lahoussin me regarde en souriant d'un air bon enfant, tout en lorgnant en-dessous mon mulet : allons, vieux malin, pas tant de façons ; cela me va, d'autant plus que je suis éreinté de la monotonie d'allure de ma bête. Idir, tiens-moi mon fusil et donne-moi l'étrier ; enfourché le coursier. « Maintenant, mon beau, mon bon, fais le gentil, si tu veux, si tu l'oses. »

Nous sommes en plein dans les pins ; la plupart sont petits ; quelques-uns cependant peuvent avoir de soixante à soixante-dix centimètres de diamètre ; mais il n'y en a pas de plus gros. Les incendies, allumés périodiquement par les Kabyles, et dont je vois partout des traces, les empêchent de le devenir. Nous montons par des sentiers très-raides et assez difficiles, pendant environ une heure ; partout où ma vue peut s'étendre, les versants des montagnes, formant les bas-côtés du Djurjura, et les ravins qui les découpent, sont bien garnis de pins, jusqu'à une certaine hauteur, à laquelle les pins disparaissent entièrement, pour faire place à des vergers de figuiers, sous lesquels on cultive des blés, et à des chênes à glands doux, appelés *bellodes* par les Kabyles. Ceux-ci croissent spontanément, mais comme leurs fruits servent, à ce que m'en ont dit les Kabyles, à faire du pain pour les plus pauvres, ils les conservent et les préservent de l'incendie. Cet arbre devient assez gros et s'étend assez bien en branches ; il est de la grosseur de nos plus gros pommiers en plein vent. Je crois même que le tronc est plus gros. J'aperçois un vaste incendie à une demi-lieue, sur le flanc d'une montagne ; cette illumination mouvante est d'un aspect fantastique, mais ferait saigner le cœur d'un forestier de ma connaissance ; un conservateur des forêts, s'il vous plaît ?

Ici le chemin devient un vrai casse-cou. Je comprends pourquoi Sidi a repris son mulet ; il y est plus en sécurité que sur mon cheval noir, un peu gros et qui n'est pas bâti en cheval de montagne et n'a même pas les jambes de devant très-bonnes, très-sûres ; il tient à ses os, le saint homme, plus qu'aux miens ; c'est assez naturel ; il est prudent.

Nous nous arrêtons près d'un très-vieux chêne vert aux vastes branches. A ses pieds et autour de son tronc est une espèce de banc circulaire en pierres sèches : ce doit être un lieu de rendez-vous, de délibération pour les hommes. Sous son ombrage ont dû avoir lieu bien de vives et orageuses discussions ; bien des résolutions, plutôt mauvaises que bonnes, ont dû y être prises, arrêtées. — Sidi veut ravoir son cheval. Je comprends le motif : nous approchons et il veut faire son entrée triomphale dans ses domaines... Je lui reprends sa mule blanche ; tout est pour le mieux ; je ferai mon entrée derrière lui plus modestement, il est vrai, mais aussi plus sûrement, étant monté sur sa propre monture, que tout le monde doit connaître. Un roumi sur la mule du marabout Sidi-Djoudi ! — J'irois partout ! La nuit tombe ; nous passons près d'un groupe de maisons ou plutôt de murailles, car je ne vois ni portes, ni fenêtres, planté sur un point escarpé ; il a plutôt l'air, par son aspect sombre, misérable et par son isolement, d'un nid de voleurs que d'une habitation d'honnêtes gens. J'ai, du reste, entendu dire que mes Kabyles étaient, il n'y a pas encore bien longtemps, des détrousseurs de caravanes. Des Kabyles s'empressent autour de Sidi : ce sont des témoignages et marques de déférence de leur part, à n'en plus finir. Sidi les reçoit avec beaucoup de bonhomie. C'est un vieux finaud, à sa manière, qui connaît son monde et la manière de s'en servir. Enfin, à une portée de pistolet plus haut, nous arrivons au village des Beni Amed, de la tribu des Medchidalas, où Sidi a une maison et des propriétés rurales. Des Kabyles arrivent au-devant de lui : compliments, etc. Nous enfilons successivement deux courtes et très-étroites rues ou plutôt ruelles, entre les murailles des maisons, et n'ayant d'autre pavé que les aspérités des rochers ; puis nous entrons par une porte-cochère, une véritable porte-cochère à deux battants, dans une cour, de chaque côté de laquelle, à droite et à gauche, il y a une maison. La nuit tombe tout à fait. On étend devant la porte de la maison, qui est à droite, des tapis en sparterie et on nous apporte de l'excellente eau fraîche, des figues fraîches, de la galette, toujours sans beurre, mais où il y a force sel ; c'est la collation. Sidi fait la prière en commun. Vers neuf ou dix heures arrive le kouskoussou, que nous mangeons au clair de la lune ; puis Sidi m'engage à entrer dans la maison. Il se couche sur une espèce de lit de camp et moi sur mon tapis près du vieux Lahoussin. On ferme la porte ; mon fusil a disparu. Nous nous souhaitons le bonsoir et je m'endors à la garde de Dieu et sous la foi des traités, ou plutôt de l'hospitalité.

Les 17, 18, 19, 20 et 21 août 1855.

« Réveillez-vous! *trop* endormi;
» Réveillez-vous, car il fait jour! ».

N effet, le soleil s'est levé avant moi. — « Bonjour Sidi ; si nous allions nous débarbouiller? — Saïd, conduis-moi à la fontaine.... » Maintenant je vois où je suis. Quels affreux casse-cou de ruelles! larges d'un mètre et demi et pavées par la nature, c'est-à-dire des aspérités, des anfractuosités des rochers, entre des murailles faites de pierres et de terre de deux mètres de hauteur, interrompues de distance en distance par des portes.

Nous gagnons la campagne en passant près de quelques Kabyles assis et causant sous un gros chêne vert; nous traversons des champs de blés, récemment coupés, plantés de figuiers et arrivons à un ravin, contre la pente duquel est bâtie une fontaine. C'est une construction en pierres et chaux, fort originale; elle est adossée à un superbe frêne. Du reste, il y a beaucoup de ces arbres dans le ravin; je crois vous avoir dit que les Kabyles les taillent et donnent leurs feuilles aux bestiaux en guise de fourrage, comme je l'ai vu faire dans le *Bujet*, département de l'Ain.

J'ôte mon velours, retrousse mes manches jusqu'aux épaules et m'en donne à la manière arabe : je m'imbibe, me sature d'eau par le nez, les yeux, les oreilles, la bouche ; puis faisant jouer les appareils respiratoires, sternutatoires, en un mot, toutes les pompes foulantes et aspirantes de mon individu, j'opère le nettoyage, le curage à fond et complet de tous ces organes. Si cela pouvait m'enlever l'affreux rhume de cerveau, dont je suis désagréablement affecté depuis plusieurs jours, cela me ferait bien plaisir ; car, pour peu qu'il continue, vu la pesanteur spécifique de mes mouchoirs de poche et le défaut de savon, je pourrais bien en être réduit à la dernière extrémité :

« Quand on a tout perdu,
« Et qu'on n'a plus d'espoir, etc. »

ou à faire comme les dames et demoiselles kabyles, me servir de mes mouchoirs naturels,

Saïd fait ses différentes ablutions en Croyant expérimenté; car Mahommed a eu la bonne idée de prescrire les ablutions comme devoirs religieux, ce qui fait nécessairement supposer que les siens étaient de fameux crasseux; mais il n'a pas pensé à tout, il a oublié les vêtements; aussi, sans avoir un nez de peau-rouge, pourrait-on suivre nos indigènes à la piste, tant ils sont odorants. Je crois, en vérité, que la malpropreté est innée chez l'homme, lui est inhérente. Saïd opère donc consciencieusement le lavage de son individu; il y met le temps; il commence même, que dis-je, il y a longtemps qu'il a commencé à m'ennuyer avec ses reniflements et expectorations sacrés. Quant à moi, je me trouve parfaitement allégé et rincé.

En revenant, nous nous trouvons nez à nez avec deux jeunes filles, qui s'évaporent à ma vue; mais elles s'apprivoiseront. — Vous figurez-vous, du reste, deux jeunes fillettes de la Lorraine, une mzelle Mélie, une mzelle Zuzette, ou autre, se trouvant face à face, au détour d'une haie, avec un Turc ou un Bédouin...., quels cris !

Je m'arrête près de Sidi, assis avec des Kabyles, sous l'ombrage d'un vénérable chêne.

Ils ont l'air de tenir conseil; ma venue les intrigue. Pour les distraire et les amuser, car pour bien des choses ils sont comme des enfants, et n'ont pas le flegme apparent; la fausse dignité et indifférence des Arabes, je leur tire sous le nez six coups de mon fusil Duhon en un clin-d'œil.... ni vu ni connu.... Stupéfaction générale! — est-ce qu'il serait sorcier ? — puis, faisant jouer le grand ressort du milieu, je romps mon fusil et le redresse aussitôt... nouvelle stupéfaction! — Quand je me suis un peu amusé moi-même de leur étonnement, je leur donne mon fusil, qui passe de main en main, et leur montre la manière de s'en servir. Ils sont très-curieux et expansifs ; ils expriment franchement leur admiration pour une arme qui tire six coups pendant que leur fusil n'en tire qu'un. Je donne à quelques-uns une ou deux charges de bonne poudre.

Je reviens avec Sidi à sa maison. Nous déjeûnons avec de la galette chaude, mais sans beurre. Si on parvient à leur faire mettre du beurre dans la galette, ce sera un grand pas de fait vers la civilisation ; d'abord, elle vaudra beaucoup mieux, ce qui n'est pas sans importance pour ceux qui aiment la galette au beurre, et il y en a beaucoup... C'est même un goût assez généralement répandu et qui révèle chez un peuple une civilisation avancée. En effet, pour mettre du beurre dans la galette, il faut d'abord du beurre ; puis, ensuite, qu'il soit frais, appétissant, ce qui annonce une certaine aisance, de la propreté, un goût exercé, plus exigeant, qu'on ne trouve que chez les peuples avancés en civilisation. Voyez, par exemple, les Suisses, et en France les Normands, les Lorrains, etc. ; il n'y a pas de pays en France, par conséquent dans le monde, où l'on fasse de meilleurs *Kiches* et galettes qu'en Lorraine, et surtout à Nancy ; c'est que là le beurre et la crême sont excellents. Ceci à l'air d'une plaisanterie ; c'est cependant le résultat d'une observation profonde, pratique, expérimentale, et je crois, très-vraie. —

Je vous disais donc que nous déjeûnons avec de la galette sans beurre, des figues blanches et brunes, d'un goût exquis, et une espèce de fromage à la crême de lait de chèvre, très-frais, très-délicat, mais un peu doux ; j'aimerais mieux du lait caillé. J'offre le café à Sidi ; il ne le trouve jamais assez sucré et me mangera tout mon sucre. Laissons-le à ses affaires et voyons un peu les lieux.

Le hameau est situé en plein Sud, à un tiers environ de la hauteur de la montagne, qui me paraît être la plus élevée du Djurjura et qui en est le dernier pic dans la direction de l'Est ; il est isolé, mais on aperçoit un grand nombre d'autres villages dans un rayon de quelques lieues, plus bas ou sur les côtés. Il domine la vallée du Sahel à de grandes distances ; il n'a pas plus d'une trentaine de maisons de misérable apparence. Elles sont bâties en pierres liées de terre, sans chaux et couvertes en chaume ; une cour les précède. Elle est fermée par un mur dans lequel s'ouvre la porte d'entrée. Quant au castel champêtre du Sidi, mon hôte, une porte cochère à deux battants, s'il vous plaît, en madriers de chêne grossièrement sciés, donne entrée dans une cour. La cour est fermée d'un côté par le mur de face, dans lequel est scellé l'encadrement de la porte d'entrée ; des deux autres côtés, à droite et à gauche, par deux maisons ; au fond, elle se termine en terrasse ; de laquelle on domine une immense étendue de pays.

Les toits en chaume, à deux pentes, sont soutenus par une faîtière et deux tabliers en pin. Chaque maison est divisée en deux compartiments ; l'un de deux mètres de large, le long du mur de côté, de droite, sert d'écurie ; l'autre sert d'habitation. Bêtes et gens entrent par la même porte ; du reste, leurs domaines respectifs sont bien près de se confondre ; trois madriers debout, et qui paraissent destinés aussi à étayer la toiture, indiquent les limites plus qu'ils ne les closent. Les maisons sont plus longues que larges ; la grande a environ dix mètres de longueur sur sept de largeur.

Le long d'un des murs du compartiment des gens, à la hauteur d'un mètre du sol, règne un lit de camp de deux mètres de longueur sur un mètre cinquante centimètres de largeur, fait de madriers de cèdre : c'est là le lit, sans matelas, où couche Sidi ; c'est là, aussi, où il se tient accroupi dans la journée. En face de la porte et contre le mur du fond est une immense amphore de deux mètres de hauteur, d'un demi-mètre de diamètre à son orifice, renflée au milieu, remplie de blé. Tout le long des murs des morceaux de bois enfoncés dans la maçonnerie servent à suspendre des fusils, des vases remplis de miel, d'huile, etc. Dans leur compartiment, les bêtes attachées ou plutôt entravées par les pieds, sur une file, ont la tête tournée vers l'intérieur de la maison. Au milieu est le foyer, un simple trou avec trois grosses pierres en guise de trépied pour supporter les marmites; c'est là où on fait la cuisine; aussi y fume-t-il toujours d'une manière désespérante, à faire couler des larmes au plus insensible. Tout cet ensemble, presque luxeux et vaste, comparativement au reste du hameau, n'est cependant qu'une espèce de ferme, servant seulement temporairement de pied à terre à Sidi-Djoudi et à sa famille, quand les affaires ou les plaisirs champêtres les y appellent.

De la terrasse, la vue embrasse un vaste panorama, plutôt, cependant, large que profond. Au bas, en travers, c'est la vallée de l'oued Sahel, allant de droite à gauche, dans la direction de la mer; à tous les points de l'horizon se dessinent, avec des tons variés, les montagnes aux formes accidentées des Beni-Mançour et des Beni-Abbès; ceux-ci, réputés dans toute l'Algérie par leur industrie, et surtout celle de la fabrication des burnous de fatigue, où leurs femmes excellent.

Au pied du mur de la terrasse est une petite cour, au milieu de laquelle s'élève une espèce de chaumière cônique, faite de tiges de jeunes pins. C'est le salon d'été, où le père de famille vient faire la sieste;

elle est interdite aux enfants. Elle dépend et se trouve en face, à deux pas de distance, d'une petite maison habitée par un petit vieux Kabyle, un el-hadj, fort poli et de manières très-douces ; sa femme, bonne vieille commère aux yeux bleus et à bonne expression de physionomie ; leurs deux grands fils, jeunes gens de vingt à vingt-cinq ans et de mademoiselle Ayini, leur fille, dont je vous redirai deux mots ultérieurement.

La plus petite des maisons de Sidi-Djoudi sert d'habitation à son fermier et à la famille ; c'est aussi un petit vieux tout ratatiné, qui ne fait guère autre chose que de regarder travailler sa femme ; celle-ci est une grande femme, maigre, sèche, tout nerf ; son visage est profondément sillonné de rides, causées plus par le travail, les fatigues, les privations, que par l'âge ; car elle a les cheveux tout noirs ; elle a des grands et beaux yeux pleins de vie et de vivacité ; des dents blanches superbes, quoique un peu longues. Quel âge a-t-elle? — elle n'en sait rien, ni moi non plus. Elle a un fils de vingt-sept à trente ans et trois autres plus jeunes. Le dernier, monsieur Mohamed-ben-Hamouche, enfant d'une douzaine d'années, est très-drôle, vif et familier.

Les vêtements de la mère sont ceux des femmes de Beni-Ala, sa tribu, et d'une crasse profonde. Au premier abord, sa figure est un peu dure ; mais en l'observant, elle a l'air, au fond, d'une très-bonne femme. Nous allons faire un tour avec Sidi. Il y a bien la moitié ou un bon tiers du hameau en ruines, et je remarque que la plupart des figuiers des vergers ne sont que des rejets de deux ans, repoussant de gros troncs brûlés. Sidi me dit, en souriant piteusement, que c'est l'ouvrage du capitaine Beauprêtre, du temps de la guerre avec les Français, que sa propre maison était même couverte en tuiles, et que le capitaine les a toutes cassées, tout en épargnant cependant la maison : il a surtout ses tuiles à cœur.

Il paraît que le satané capitaine, mécontent des méfaits de MM. les Beni Hamed, qui en commettaient de toutes sortes, comptant sur l'impunité que leur avait assurée jusqu'alors leur position d'un accès difficile et périlleux, tomba sur eux un beau matin, au soleil levant, comme la grêle, comme la foudre, venant de je ne sais où, par je ne sais où, avec ses cavaliers et sa bande de Kabyles : cassa les tuiles de la maison du père Sidi-Djoudi, en forme d'avertissement, saccagea le reste et emmena une partie de la population prisonnière. Ce fut l'affaire d'un clin-d'œil, il fallait aller vite en besogne, sans cela il aurait bientôt eu tous les montagnards des environs sur le dos.

La leçon fut rude, mais salutaire, et fit ouvrir les yeux à Sidi-Djoudi, qui faisait le récalcitrant. Il n'y a que le capitaine pour imaginer, combiner et exécuter de pareils coups avec autant de sang-froid et de prudence que de hardiesse et de promptitude. Il a commencé par frapper les Kabiles de terreur ; mais comme ses actes sont toujours empreints de justice, et que, peu à peu, il les débarrasse de leurs mauvais garnements, agitateurs, etc. ; aujourd'hui ils ne jurent plus que par lui et ont recours à ses conseils, même pour une foule de difficultés, qui surgissent entre eux.

C'était là un écueil dangereux. Il a su le dominer ; comment ? c'est son secret. Du reste, maintenant, partout où s'étend son action, les routes, qui autrefois étaient de vrais coupe-gorges, sont sûres, ainsi que les marchés. Il existait des marchés en dehors de son action, situés de telle sorte que les plus faibles étaient souvent maltraités et dépouillés ; il en établit d'autres dans des lieux ouverts à tous, d'un accès facile et où les actes de violences clandestins ne sont plus possibles. Aussi furent-ils bientôt fréquentés, tandis que les autres étaient abandonnés. Les masses apprécient toujours une volonté ferme, qui sait renverser à temps les abus les plus puissants, quand ces abus profitent aux plus forts au préjudice des plus faibles.

Un jour il réunit un certain nombre de meneurs et leur dit à peu près : « Vous me témoignez tous de l'amitié ; vous protestez de votre soumission, etc...: eh bien vous me trompez tous !... Toi, tu m'as envoyé du kouskoussou, où je ne sais quoi, empoisonné ; toi, tu m'as tendu un guet-à-pens, etc.; » chacun avait fait des siennes. — Mes gaillards étaient peu à leur aise et commençaient à croire que leur tête n'était pas en sûreté sur leurs épaules ; ils savaient que le capitaine ne plaisantait pas sur ces choses, et ils se rappelaient la justice turque, un peu prompte, cruelle et sans rémission.

Ainsi, les deys, quand ils découvraient des conspirateurs, les faisaient *illico* murer, comme matériaux de bâtisse, dans les murailles de quelques forts en construction. D'après la tradition, plusieurs de ces malheureux auraient ainsi été maçonnés, tout vifs, dans les murs de la Casbah et du fort Babazoun. Ou bien encore, on les précipitait, aussi tout vivant, du haut des murailles de Babazoun : ils étaient accrochés dans leur chute par des crampons aigus scellés dans la muraille, soit par le dos, le ventre ou d'autres parties du corps, et restaient ainsi accrochés jusqu'à ce que mort s'ensuive. — Quelles affreuses, égoïstes et despotiques brutes gouvernementales que ces deys d'Alger !

Revenons au capitaine : « **Je** devrais vous punir ou vous faire punir ainsi que vous le méritez ; mais, comme vous êtes tous des fous et que vous ne savez ce que vous faites, allez en paix, mais dorénavant prenez garde à vos oreilles. — Cependant, avant de les congédier, il les rassembla en cour de justice et leur fit juger un jeune criminel kabyle. Je vais vous le donner comme un échantillon. Quelque temps avant, le planton d'ordonnance était venu prévenir le capitaine, qu'un jeune Kabyle, portant dans son burnous quelque chose de rond, demandait à lui parler en secret. — « Qu'il entre. » En effet, un jeune homme, de vingt à vingt-cinq ans, entre et, faisant rouler fort tranquillement et avec le plus grand sang-froid du monde aux pieds du capitaine une tête coupée, lui dit : « J'ai déserté de ma tribu pour aller avec Bou-Maza ; j'ai gagné sa confiance, puis je l'ai tué, lui ai coupé la tête, volé son cheval ; voilà sa tête — donne-moi une récompense. La preuve de ce que je te dis, c'est que j'ai trouvé près de Bou-Maza tels et tels, tes prétendus amis, qui te trompent. » De ce nombre était une partie des chefs, dont je viens de parler.

Le capitaine, qui est très-pénétrant et ne se laisse pas tromper facilement, examina et fit examiner la tête, ce n'était pas celle de Bou-Maza ; il commença par mettre mon homme au bloc, comme il dit (en prison) ; puis finit par découvrir ceci : ce jeune Kabyle était lié d'amitié depuis longtemps avec un autre Kabyle ; celui-ci s'étant marié, il n'avait pas tardé à convoiter la femme de son ami ; mais comment faire, n'ayant ni sous ni maille ? combinant ses moyens et fins, il l'avait décidé à déserter avec lui dans le parti de Bou-Maza ; ils y étaient, je crois, restés quelques temps, puis mon Kabyle, après avoir surpris quelques secrets chez Bou-Maza, avait assassiné son ami, lui avait coupé la tête, volé son cheval, et, la tête de son ami à la main, tête qu'il faisait passer pour celle de Bou-Maza, il était venu demander son salaire, avec lequel il comptait acheter la veuve de son ami pour en faire sa femme.

Ce gentil et naïf enfant fut livré au conseil kabyle, djema, avec cette question : Que mérite-il ? — « La mort, » répondit en masse le conseil. « Eh bien ! cet homme est de votre tribu, alors non parfaitement soumise ; il vous appartient : prenez-le ; le voilà ! » — Ils l'emmenèrent ; mais, arrivés à la porte du fort, on entendit un seul cri : l'assassin et l'espion tombait, la tête fracassée à coups de pierres, aux pieds de la sentinelle. Celle-ci n'étant pas prévenue, ne savait sur qui faire feu. La promptitude, du reste, de cette exécution n'avait été et n'avait pu être prévue par personne.

Mais voici des visiteurs : je vois à la porte deux grands gaillards de Kabyles, le long fusil sur l'épaule; ils reviennent du marché avec un mulet chargé d'orge; il a au moins cinq pieds huit pouces ; sa figure longue est ravagée par la petite vérole et n'a que quelques poils de moustache et de barbe, en somme, il est loin d'être beau. Sa physionomie a tout à la fois l'expression de la rudesse, de l'énergie, de la bonhomie et de la finesse. Son costume est simple : une petite chechia de laine, originairement blanche et maintenant luisante d'un enduit de crasse, sur le sommet de la tête ; une tunique de tissu grossier de laine blanche, sans manches, lui tombant jusqu'aux genoux et serrée autour des reins avec une large courroie ; un petit sac en sautoir formé d'une petite peau, tout d'une pièce, d'agneau ou de chevreau ; une gaîne avec un couteau à manche non fermant et un briquet pendant après la gaîne ; les bras, les jambes, nus ; les pieds chaussés de cothurnes, sans couture, faits de peau de bœuf, le poil en dehors et attachés sur le pied par des ficelles.

Cet ensemble, quoique très-simple, est cependant caractéristique et pittoresque : homme, armes et vêtement. Ce grand gaillard a l'air d'être de fer ; il ne paraît pas fatigué et cependant il vient de faire une marche dans les montagnes, et quelles montagnes ! par quarante-cinq et cinquante degrés de chaleur.
— Moi, depuis hier, je suis continuellement à l'état d'incandescence et même de fusion.

L'autre est plus jeune, et n'est pas aussi saillant de cachet ; c'est l'avant-garde, car j'en aperçois une demi-douzaine d'autres, sous les figuiers à une demi-portée de fusil ; mais comme ils sont d'un autre village et armés, ils n'ont pas le droit d'entrer dans celui-ci.
— Je ne sais, mais ces gaillards-là, ont plutôt l'air de cultiver, comme les anciens Écossais, la rasia à coups de fusil, que la terre à coups de pioche.

Nous nous examinons réciproquement, comme gens qui ne se sont jamais rencontrés dans leur société respective, ni même ailleurs ; Je lui prends son long fusil, et en fais jouer la batterie : ce sont de véritables machines de guerre que les batteries d'un fusil kabyle, et il faut se casser les doigts pour les faire jouer. — « Très-beau et très-bon ton fusil. » (Je n'en voudrais pas pour rien, s'il fallait m'en servir.) Des paysans qui ne vont au marché que le fusil sur le dos !.... Je suis ici en pleine barbarie, en plein moyen-âge !

Seconde collation : De la galette, toujours sans beurre, mais très-salée, du miel, et pour boisson, de l'eau, excellente, il est vrai. — Tout cela est bien léger. Pendant que Sidi fait la sieste, après s'être enfermé, je furète dans la cour et m'avance sur le bord de la terrasse. Mademoiselle Ayini est accroupie à l'entrée de sa maison ; elle est occupée à fabriquer une petite cruche ; déjà elle en a fait une de forme assez élégante, qui sèche au soleil. Son vieux père est assis sur les talons à côté d'elle ; il ne fait rien ; je crois qu'il sommeille. Ayini me regarde en dessous,..... oh les beaux yeux !.... De la prudence....., de la prudence, et n'enfreignons pas les lois du pays !.... — Voyez-vous un magistrat du peuple vainqueur, un doyen de tribunal, comparaissant pour un méfait devant un djemma kabyle (assemblée de notables). C'est que, d'après la coutume du pays, tout quidam, surpris rôdant près de la maison d'autrui, est punissable d'une amende. Pourquoi ? Il est supposé avoir des intentions de rapine quelconque. Tu en veux à ma femme, ou à ma fille, ou à ma sœur, ou à mon coq, ou à mes poules, ou, enfin à quelque chose de mon bien... Comme on connaît les saints, on les honore. Que dites-vous de cette coutume qui, en punissant l'intention, prévient le crime? C'est simple et naïf, direz-vous; mais aussi, après tout, d'un grand bon sens et d'une grande sagesse pratiques et préventifs ou plutôt préservatifs... Je m'effraie cependant à tort, car le cas n'est pendable, je veux dire punissable, qu'après le coucher du soleil, entre chien et loup! Allons flâner sur le devant de la porte.

Je suis observé fort curieusement, en cachette et à distance, par deux ou trois petites voisines : ce sont de petits rires, de petites cachotteries et chuchotteries, des fuites subites, quand je fais un mouvement; en voilà une toute petite, surtout, qui a l'air plus curieuse que les autres; si je pouvais l'attraper, j'aurais bientôt les autres. Vous savez qu'à la tendue des petits oiseaux, le plus difficile est d'attraper le premier; avec lui, on en a bientôt d'autres. Je fais briller une petite pièce de quatre sous toute blanche : rien! elle n'ose; je l'appelle : elle se sauve!

Bon! voilà heureusement mon ami Hamouche, fameux espiègle, maraudeur de figues, etc., polisson fini. — «Hamouche, il faut que tu m'attrapes et m'amènes cette petite.» Hamouche, en vrai furet, se faufile derrière des tas de pierres; puis, tout à coup, tombe à l'improviste au milieu du groupe d'oisillons et happe ma petite : le reste s'évanouit, disparaît dans des trous de souris. Il me l'amène, bon gré mal gré, triomphant : Qu'elle est gentille!

cinq ou six ans, toute menue, petite et mignonne ; de grands yeux vifs, à la fois étonnés et espiègles ; un petit nez retroussé et tout court coupé ; la bouche un peu grande, mais épanouie, rieuse et laissant voir de jolies dents blanches ; une chevelure châtain, soyeuse, affreusement emmêlée ; de toutes petites mains, de tout petits pieds, — mais quelle malpropreté ! La figure, le cou, la poitrine, les épaules sont couverts de plusieurs couches épaisses de crasse. — « Petit monstre, tu ne t'es donc pas lavée depuis les dernières pluies d'il y a six mois, et tu ne t'es certainement pas peignée depuis que tu as des cheveux ? » La pauvre petite est toute émue, craintive ; elle tremble et frissonne entre mes mains comme un petit oisillon tombé à bas de son nid et menacé par un gros et méchant oiseau ; elle jette de petits cris, ne sachant trop si elle veut rire ou pleurer. Je l'amadoue avec du sucre : « Va te laver, et je te donnerai quelque chose. » — Une plus grande, avec laquelle je suis déjà en bonne relation de voisinage, l'emmène ; elle revient un instant après, toute fraîche et débarbouillée ; elle est déjà changée, elle est charmante. — « Mais tes cheveux ? » — « Je n'ai pas de peigne. » — C'est une raison, mais pas absolue ; « peigne-toi avec tes dix doigts, puisque tu n'as même pas un clou ; je ne te prêterai certes pas mon peigne, et pour cause. » La plus grande la remène ; elles disparaissent derrière une ruine ; je les examine à travers un trou ; la plus grande la démêle avec ses doigts. Dahia, car c'est ainsi qu'elle s'appelle, Dahia ne bouge pas; elle fait les plus drôles de petites mines qu'on puisse voir, tout à la fois sérieuses, graves, espiègles; c'est sans doute sa première leçon de coquetterie!

On ne plaisante pas avec ces choses-là ; je n'ai jamais recherché à quel âge ce sentiment, si cela peut s'appeler un sentiment, où plutôt cet instinct, venait aux jeunes filles ; j'ai ouï-dire que la maman le transmettait à son enfant même avant sa naissance, avant le lait : ce serait un sentiment, un instinct féminin originel.

Enfin elles reviennent : imaginez-vous ce que peut être une petite tête peignée pour la première fois avec les doigts. Je lui donne, faute d'autre chose, une petite pièce de quatre sous, toute neuve : quelle folle joie ! elle se sauve à toutes jambes avec son trésor. Je descends la rue, ou plutôt la ruelle, vers la maison d'Ayini ; je crois entendre chanter doucement dans cette direction. En effet, c'est Ayini qui chante à mi-voix, comme en cachette, en confidence, un petit air kabyle sur un rythme étrange, qui doit remonter à la plus haute antiquité. Sa voix est très-jolie, d'une douceur et d'une pureté infinies ; il y a dans son petit air un ton de complainte, une poésie naïve, gracieuse qui vous reporte à une autre époque, à un autre âge.

J'entends marcher vers moi : c'est la mère d'Ayini ;

elle a dû être très-belle et a de plus une excellente figure ; le son de sa voix est harmonieux; ses manières sont simples, mais très-convenables. Elle est accompagnée d'une autre femme ; elle m'entreprend, et veut, je crois, me convertir et me faire dire : « Dieu est Dieu et Mahommed est son prophète. » Est-ce qu'elle aurait des vues matrimoniales sur moi pour mademoiselle sa fille? moyennant douros de ma part, bien entendu ! En attendant, elles me demandent des petites pièces; je leur en donne à chacune une.

En rentrant, une jeune fille de quinze ans apparaît là où Dabia a disparu. Elle a bien envie d'approcher ; une jeune femme se montre derrière elle : avec ce renfort, elle s'approche et examine, puis, d'un geste rapide de la main, et avec une expression d'envie féminine fort comique, elle me demande ma cravate. Heureusement un homme débouche par la ruelle et ces dames s'éclipsent,

Qu'y a-t-il donc dans la maison de Sidi ? j'entends des voix plus qu'animées. Voyons ce que c'est: Ah ! c'est jour d'audience; le tribunal est en séance ; l'auditoire est nombreux. Sidi est assis sur ses talons, siégeant sur son lit de justice; Lahoussin, son cadi, greffier, etc., est accroupi à terre sur mon tapis : il a pris en affection mon tapis. En général, les Arabes et les Kabyles sont très-portés à prendre en affection ce qui ne leur appartient pas et ce qui ne leur coûte rien.

Sidi écoute les plaidoiries : la parole est à une femme qui se plaint qu'un caïd, vieux bonhomme à figure de filou, usurpe une partie de son jardin, si ce n'est même le tout. C'est une femme de vingt-cinq ans : elle a une belle tête, au profil un peu marqué ; c'est plutôt un type lorrain qu'arabe. Ses yeux sont bleus ; sa chevelure est blonde ; son regard est assuré et ferme ; sa parole, un peu vive, mais digne et dégagée de toute timidité ; ce vice n'existe pas chez les indigènes ; un énorme marmot de dix-huit mois grimpe sur son dos, passe d'une épaule à l'autre, roule sur ses genoux, regrimpe en se cramponnant aux seins ; s'attache alternativement à l'un, à l'autre, et les suce avec un sans-façon et un air de maître, d'enfant gâté. La mère continue son discours, sans y faire attention, si ce n'est pour chasser les mouches, qui lui piquent le bout du nez, ce qui le met en grande colère. Elle est adossée à une poutre verticale, qui soutient le toit et qui sépare l'écurie du reste de l'habitation. Le cheval de Saïd, aussi ficelle au moral qu'au physique, allonge son museau en forme de trompe et atteint, en flairant, la nuque de la plaideuse, espérant trouver, carotter quelques croûtes dans ses vêtements. Celle-ci ne se retourne même pas, et fait seulement un petit mouvement, comme pour chasser une mouche.

C'est au tour du scheik : il réplique. Il est doucereux mais sardonique ; il sourit d'une mauvaise manière : je ne sais ce qu'il vient de dire, mais la femme éclate furieuse ; elle a l'air de lui dire : tu en as menti — Tu voulais —... je n'ai pas voulu... vieux filou !

Sidi Djoudi, toujours impassible, calme l'orage avec sa voix et son ton paternes. Lahoussin lui fait un signe... « Y a-t-il un titre ?... » La femme tire des plis de ses vêtements un morceau de papier roulé sur lui-même, usé, maculé, et dont l'écriture paraît à peine. Elle le passe à Lahoussin. Celui-ci met son pince-nez et cherche à déchiffrer ; puis le passe à Sidi, qui met également son pince-nez, essaie de lire, puis le repasse à Lahoussin. Le vieux cadi, greffier, etc., parvient à le lire, ce qu'il fait sur un ton de récitatif. Le titre est repassé de nouveau à Sidi, qui le lit à son tour, aussi en le récitant. Il a la voix très-juste et mélodieuse, Sidi. Il se consulte avec Lahoussin et prononce son jugement avec une expression tout à la fois de dignité, de bonhomie et de sarcasme : le vieux scheik est enfoncé sur toute la ligne, aplati. La femme se lève, va baiser les mains de Sidi, et s'en va. Si nous étions dans les environs de Tunis, je dirais : Saint-Louis a passé par ici ?

Voilà la manière de rendre la justice en Kabylie. Elle est patriarcale, en apparence, du moins, et très-simple de forme et très-économique. Mais est-elle toujours bonne au fond, et ceux qui la rendent, offrent-ils toujours des garanties suffisantes de savoir, d'intégrité et d'indépendance, cette grande vertu des juges ? Jugez-en vous-mêmes.

Les cadis s'instituent tels, *ipso jure*, et sans autre investiture que la volonté des parties. Ainsi, un homme, ayant étudié dans une zaouia quelconque, s'est-il fait une bonne réputation de savoir, de capacité et de probité, les parties viennent le trouver et le font juge de leur différend. Le juge, ainsi improvisé, arrange ou juge l'affaire séance tenante. Dans le dernier cas, si la partie perdante ne s'exécute pas sur-le-champ ou n'accepte pas la décision, le cadi rédige très-sommairement, très succinctement sa sentence sur une feuille de papier, qu'il remet au gagnant, ordinairement moyennant finances. J'ai ouï-dire, cependant, que beaucoup de cadis rendaient la justice pour l'honneur seulement, pour le *nif*.

Le gagnant fait ensuite exécuter, comme il peut, son jugement, au moyen de l'autorité de l'amin.

Lorsque le cadi, puisque cadi il y a, par possession d'état, a suffisamment de savoir, de sens judiciaire et d'intégrité, c'est très-bien ; mais s'il manque de quelque chose de cela, s'il est, par exception, j'aime à le croire, accessible aux présents, aux influences ?

Maintenant, quand à l'exécution du jugement, quel qu'il soit, si la partie, qui a perdu son procès, n'obtempère pas, n'obéit pas au jugement, se moquant du respect humain, et, résistant à l'autorité de l'amin ? Si cette partie, dans une affaire de divorce, par exemple, affaire ordinairement des plus graves, parce qu'une foule de bonnes et de mauvaises passions y sont en jeu, vanité, jalousie, avarice, en un mot, femme et argent, est la plus forte, qu'elle compte le plus de fusils et qu'elle résiste à l'amin ; qui la contraindra ? L'amin et ses tammanns. Mais si elle a pour elle la plupart des tammanns ?

Je serais très-curieux de voir sur les lieux comment tout cela se passe.

Quoi qu'il en soit, cet état de choses a pu être possible jusqu'à présent, parce que, si ce n'est quelqu'affaire de divorce, les autres affaires étant rares et sans importance réelle, ne pouvaient donner que très-peu matière à procès. Chacun vivait avec le produit de ses champs et de ses arbres, je dis arbres, parce que souvent les vergers appartiennent à plusieurs ; on m'a même assuré que le même arbre est quelquefois possédé par indivis par plusieurs ; chacun vivait, dis-je, avec le produit de ses propriétés, c'est-à-dire, mangeait le pain fait avec le grain qu'il avait semé, que sa femme avait moulu, avec les figues et les olives qu'il avait récoltées. Chacun se vêtissait du burnous ou de l'adjellab, espèce de tunique sans manches, tissée par sa femme, sa mère ou sa fille, avec la laine de ses quelques moutons. Chacun habitait la maison où il était né, ou qu'il avait construite lui-même. Tous ces biens sortaient rarement de la famille, où ils se transmettaient de générations en générations par droit de succession.

Aujourd'hui, les choses commencent à changer. Déjà même, depuis quelques années, un grand commerce d'exportation, chez eux, de quelques-uns des produits de nos fabriques, de nos usines, tels que toile de coton écru, fer et acier en barres, etc., et d'importation, de leur part chez nous, de leurs huile d'olive, figues sèches, etc., etc., a commencé à remuer bien des choses parmi eux et à jeter le mouvement là où jusqu'alors, il y avait eu immobilité et stagnance. Leurs besoins, et en même temps, leurs ressources tendent à s'augmenter visiblement. La sécurité des marchés, la sûreté et la facilité des voies de communication, qui ne sont encore cependant que des routes plus ou moins imparfaites, en multipliant les relations de toute nature, vont donner une valeur nouvelle, très-grande même, eu égard au passé, à leurs propriétés et à leur industrie personnelle, et agrandir et multiplier, par conséquent, des intérêts minimes jusqu'à présent. Il serait donc temps et prudent, prévoyant de leur préparer, dans ces prévisions, de nouvelles institutions ou au moins de perfectionner et de développer les leurs et de les mettre en rapport, au niveau avec le nouvel état de choses qui se forme.

Pour ce qui est de l'administration de la justice, et je me hâte d'y revenir, on pourrait, pour ne pas froisser leurs habitudes, leurs préjugés et préventions traditionnelles de nationalité, les laisser libres dans le choix de leurs cadis et de la manière de s'en servir, tout en instituant au milieu de cercles donnés ou de centres des populations, des juges de paix français, avec des assesseurs indigènes. Ces juges de paix auraient une compétence très-étendue. Ils devraient tenir boutique pour tout le monde certains jours, les jours de marché surtout. Les assesseurs et les commis greffiers seraient, autant que possible, choisis parmi les fils de marabouts, afin d'attirer cette classe à nous et de lui faire perdre son esprit d'intrigue et d'agitation, en l'occupant avec profit pour elle et utilité pour tous.

Habitués au travail et à l'étude, nos magistrats se mettraient d'autant plus rapidement et facilement au courant de la législation kabyle, que cette législation ne se compose, comme je crois vous l'avoir déjà dit, ou comme je vous le dirai, que d'usages appelés canons, recueillis et contenus dans des manuscrits traditionnels, usages qui pourraient bien avoir leurs sources dans la législation romaine. Ce serait curieux à étudier.

Je suis convaincu que l'institution des justices de paix, que, du reste, je ne fais qu'indiquer, sauf à en étudier l'ensemble et les détails, quant à son organisation et son application, entrerait très-facilement dans les mœurs kabyles, par son analogie, sous beaucoup de rapports, avec celle des cadis. Aussi facilement abordable à tous, sans préliminaires et intermédiaires coûteux, aussi économique, aussi simple et aussi rapide dans sa manière de procéder, elle offrirait, entre les mains de magistrats français, et cela toujours : savoir, intégrité et... indépendance absolue ! indépendance d'autant plus absolue aux yeux des indigènes, que nos magistrats, en leur qualité d'étrangers, seraient et paraîtraient réfractaires aux influences ambiantes de toutes sortes, de toute nature, qui peuvent agir et avoir prise, à leur insu, sur les cadis kabyles.

Il a été question de ressusciter le titre de juge unique. Ce titre de juge unique, fort insignifiant, du reste, quoique pompeux, a, à mon avis, le grave inconvénient de flatter trop la vanité du magistrat, de gonfler ses tendances, tendances assez communes dans la profession, à la présomption et à l'orgueil, et conséquemment de rendre ses rapports avec les autres autorités, sinon difficiles, du moins, passez-moi le mot, chatouilleux.

Le titre de juge de paix, au contraire, et quelle que soit, quelque étendue que soit la compétence, rappelle sans cesse au magistrat qu'il est surtout un magistrat de paix, de conciliation, de bon esprit de concorde, ce qui est fort important et d'un bon exemple dans un pays comme celui-ci, à l'état de formation ou de réformation.

Ce caractère n'est pas exclusif de l'esprit d'indépendance ; il tempère seulement sagement l'esprit d'indépendance en sa forme de se manifester. A propos de l'esprit d'indépendance du magistrat, il n'est pas toujours apprécié, dans ce pays, par ceux-là même dont ce serait le suprême devoir, à sa juste valeur, à sa véritable valeur. On le confond trop souvent, ou on semble le confondre trop souvent avec l'esprit d'opposition, de résistance : ne pas confondre. Je ne veux pas faire de définition ; je dirai seulement à ceux qui l'ignorent, que l'esprit d'indépendance est aussi essentiel, aussi nécessaire au magistrat, que peut et doit l'être l'esprit de discipline au soldat; mais toujours ne pas confondre.

Je viens de vous dérouler un peu de mon peloton, pas tout au long; mais cette fois j'en ai le droit. Je suis dans mon élément, dans ma partie, ma spécialité, comme on dit en termes de boutique. Je suis même dans ma boutique et débite ma marchandise, et de la bonne encore : prise, faite et réunie sur les lieux.

Oh, mais pendant que j'y suis, une idée.... Si une chaire de droit kabyle et arabe était créée à la faculté de droit de Paris et remplie par un titulaire indigène, arabe ou kabyle, pour les étudiants français, qui se destinent à la magistrature et au barreau de l'Algérie, et même pour les jeunes indigènes qui se destineraient aux lois! Il faut que je fasse un travail, un rapport là-dessus en revenant ; si je reviens...

C'est, chez mon hôte, un va et vient continuels d'entrants et de sortants : ce sont des réclamations, des conversations d'affaires et autres, le tout mêlé de colère, de plaisanteries, de mots pour rire et de rires. Saïd ne perd pas une occasion de faire rire Sidi-Lahoussin : ses plaisanteries et ses niches font éclater le bonhomme comme un enfant. Quelles drôles de gens que ces Kabyles.

Celui qui entre adresse de la voix des compliments à la société, puis s'approchant de Sidi, lui baise la main, ou les vêtements, ou l'épaule, ou le haut de la tête, selon sa position sociale, la nature ou l'importance de sa demande. Alors commence une série, un échange de compliments interminables.

Sidi est bon prince, bon homme avec tout le monde, et surtout avec les femmes ; il les appelle par leur nom et les câline du regard et de la voix, le vieux sournois. Elles s'approchent tout près de lui, lui racontent mystérieusement leurs griefs et demandes ; elles apportent presque toujours une petite cruche remplie de lait pris ou de fromage. Sidi m'en envoie.

Idir, qui a l'air d'un moine quêteur, entre d'un air satisfait avec Ibrahim. Saïd ne tarde pas à montrer sa face épanouie : il a senti qu'il y avait quelque chose à lécher. En effet, quelqu'un vient d'apporter de la vallée un gros panier de figues de Barbarie ; grand régal général.

Si tous ces montagnards témoignent beaucoup de déférence à Sidi, c'est surtout parce qu'il est le descendant d'un grand marabout et qu'il a hérité du prestige religieux de son ancêtre, prestige qu'il sait entretenir par une certaine habileté, mais une fois les politesses, marques de déférence exprimées, chacun reprend son franc parler et lui dit nettement, crûment ses griefs et réclamations contre lui-même et les autres. Je crois que ce n'est qu'à force de patience, de sang-froid et en sachant prendre son monde, qu'il en vient à bout ; s'il les brusquait, il n'en ferait rien.

Toute la société se régale de figues de Barbarie : c'est un impromptu ! Brahim en avale, comme des huîtres, d'un seul coup ; on rit, on plaisante, on joue ; ces Kabyles sont bavards comme des pies et gais comme des pinsons. Il y a quelque chose à faire avec ces gens-là ; on ira même très-vite avec eux, si on sait les prendre.

Le vieux Lahoussin fait mon bonheur. Il ne bouge pas de dessus mon tapis ; Saïd lui débite des calembredaines, qui le font rire aux éclats, et pendant ce temps, mon finaud lui mange ses figues ; le vieux a une expression de physionomie très-spirituelle.

La chaleur est excessive. Je vais avec *Michto*, fils aîné de Hamouche et de Fatma, à la fontaine, m'imbiber, me saturer d'eau fraîche à l'intérieur et à l'extérieur ; nous rencontrons sous les figuiers une bande de petits garçons, qui nous suit. Ils s'établissent autour de nous pour me regarder. Quels petits grippe-soleil ! Ils ont la tête rasée et nue, quoiqu'il fasse un soleil à calciner du granit ; la plupart ont une chemise pour seul vêtement, encore est-elle souvent en fort mauvais état. Quelques-uns n'en ont même qu'un lambeau ; ils vont tous nu-pieds, dans les rochers, partout. Il ne sont ni gros, ni gras, ni frais, mais très-vivaces, très-éveillés. Ils ne font pas autre chose que garder les chèvres, les moutons polissonner, se battre, jouer, aller à la maraude aux figues qui commencent à mûrir; éducation de petits Spartiates. Ils sont parfaitement crasseux : ce n'est cependant pas l'eau qui leur manque.

A mon retour je rencontre Saïd, qui venait au-devant de moi ; nous nous arrêtons à un carrefour où trois ruelles se croisent ; c'est un lieu de réunion et de conversation : on y trouve toujours du monde.

La réunion est nombreuse ; il y a une douzaine d'hommes de tout âge : les uns sont assis sur un rocher, les autres debout contre la muraille ; les vieux appuyés sur leurs bâtons ; d'autres enfin, accroupis sur une espèce d'estrade; ceux-ci raccommodent leurs souliers, ceux-là font de la sparterie ; en voilà deux qui jouent au riddez, jeu de dames; le damier est tout simplement tracé sur la pierre avec la pointe d'un couteau ; de petites pierres servent de dames. Il n'y a pas d'autre enjeu que l'amour-propre des joueurs, et cependant ils n'ont pas l'air moins passionnés, moins acharnés à leur partie que nos joueurs de bouillottes les plus féroces, les plus enragés.

Je me garde bien de leur dire que chez nous, très civilisés, bien des gens, parfaitement élevés, ou du moins qui se croient tels, et des plus haut placés dans notre société, jouent, non-seulement leur fortune, présente et future, mais aussi celle de leurs femmes et de leurs enfants, jouent même leur honneur, leur position et leur liberté. Ce petit détail de notre civilisation ne serait pas de nature à les encourager et à leur donner une haute et bonne idée de nos mœurs. Ils en conclueraient au moins que nous sommes fous.

Ainsi, ma chère Léonie, mes Kabyles ne s'enivrent pas de boissons quelconques, ils ne jouent pas, et au lieu de demander des dots aux filles, ils leur en donnent !!! De plus, j'oubliais, ils ne dépensent pas leur argent en bouffées de fumée, car ils ne fument pas. Il est vrai, qu'ils n'ont pas de tabac et pas d'argent pour en acheter, mais enfin, ils n'ont pas sans cesse, à la bouche un affreux brûle-gueule, j'appelle brûle-gueule tout ce qui est pipe, ou un abominable fumeron, appelé cigare, ce maître absolu de la volonté de tant de gens. Avis donc aux demoiselles et aux mères de demoiselles, je ne dis pas à marier, ne supposant pas qu'une demoiselle ne soit pas à marier; à moins qu'elle ne soit religieuse.

On m'engage à monter sur l'estrade, ce que je fais.

On parle politique ; les affaires d'Orient sont sur le tapis. On me demande des nouvelles de Moscou et de Stamboul (Constantinople). Le conflit qui se prépare, paraît les préoccuper beaucoup : il prend pour eux le caractère d'une question religieuse; car, si la Mecque est pour les musulmans le foyer religieux de l'islamisme, Constantinople en est le boulevard, le rempart armé. De même que Rome est le foyer religieux du christianisme orthodoxe, du catholicisme, et la France son chevalier toujours armé de toutes pièces, prêt à combattre en tous temps, en tous lieux, de toutes les manières, le plus fidèle et le plus vaillant.

La France saura préserver son ancienne amie de l'influence envahissante, mais peu civilisatrice, et du despotisme glacial de la politique de la Russie et de l'esprit d'égoïsme mercantile de la politique de l'Angleterre. Il faut que sous l'immense égide de la grande nation, toujours chevaleresque, toujours généreuse, la brillante Stamboul devienne le port de libre échange entre la civilisation de l'Orient et la civilisation de l'Occident, ou plutôt le grand entrepôt de la civilisation du christianisme destinée à raviver, rajeunir, régénérer et ravitailler le vieil Orient ; les peuples persans, indiens et autres. Il faut que la Méditerranée devienne la grande coupe civilisatrice où tous les peuples des vieux et nouveau monde viennent boire et verser, même les pauvres peuples noirs. Les pauvres, ils ont été autrefois des premiers à adorer Jésus-Christ et aujourd'hui les chrétiens ne les volent, ou au moins ne les recèlent, que pour les réduire en un dur, brutal et abrutissant esclavage, tandis que les musulmans les traitent en père de famille !

Un vieux bonhomme, à barbe blanche et pointue, le chapelet autour du cou, — un sidi el-Hadj, — m'entreprend sur la religion ; il veut aussi, je crois, me convertir : « Je suis chrétien... toi musulman....

Dieu est grand, et va te faire....., vieille ganache!..»
— Saïd l'envoie se promener. Ce n'est pas, cependant, que je ne me sente, pour le moment, assez disposé à goûter un des articles de foi de Sidi-Mohammed, celui relatif aux quatre épouses légitimes et quotidiennes, non compris les extra. Non cependant cet article développe trop le matérialisme, le sensualisme, l'animalisme, au préjudice du spiritualisme, du sentimentalisme qu'il finit même par anihiler. C'est un article de foi de poulailler, de haras, de basse-cour, de coq, d'étalon, de taureau, etc., je l'y relègue.

Le mouvement de va et vient continue dans la cour; visite sur visite. Sidi accueille, écoute tout le monde et sourit d'un air bonhomme. Il paraît connaître à fond ces natures assez rudes, susceptibles, promptes et qu'il est plus facile, à moins d'être un grand homme, de prendre avec du miel qu'avec du vinaigre.

Sidi a dépassé la cinquantaine ; c'est un bel homme de cinq pieds huit pouces, bien fait, à l'œil fin, au sourire doux et agréable, à la démarche digne ; ses gestes et son maintien sont très-convenables ; il a même une certaine distinction dans toute sa personne. — Il a dû être beau garçon dans son temps et homme à bonnes fortunes kabyles. Quand il se promène dans ses domaines, je me figure un ancien seigneur de village. Il est très-entêté et arrive presque toujours à ses fins ; sa nature kabyle peut au besoin se révéler dans certaines circonstances.

Une tribu puisssante, celle des Beni-Secca, l'avait menacé, s'il pactisait avec les Français, de lui incendier ses maisons ; il leur répondit : « J'ai donné ma parole ; faites ; mais je vous retrouverai plus tard. » — Il n'y a pas deux ans que le capitaine Beauprêtre l'a décidé à se soumettre.

Ah çà ! quand donc dîne-t-on ici ? je ne tiens pas précisément à l'heure juste, heure militaire, car je ne pousse pas la régularité systématique jusqu'à ne vouloir plus dîner quand l'heure est passée.... mais je tiendrais assez à.....la chose.

A la bonne heure, voilà le vieux Hamouch qui sort de son trou de maison avec un immense plat de kouskoussou au poulet, à l'oignon et à la courge, qui me ferait sauver par-dessus les murs en d'antre circonstance et d'autres lieux ; mais à la guerre comme à la guerre ! Une sauce brûlante, au piment, au poivre et au sel est versée sur le tout. Chacun creuse devant lui pour en avoir davantage. — Saïd me choisit les meilleurs morceaux qu'il arrache et déchiquette avec ses doigts. Je me passerais bien de la politesse !.... Du reste, on me donne à part un petit plat de kouskoussou. Je mange de bon appétit, avec les yeux et les dents de la foi ; l'eau est excellente et à discrétion. Le petit Hamouch rôde autour des mangeurs avec les chats, pour attraper quelques bribes. Avant et après le repas, un mot de prière en regardant dans la paume des deux mains ouvertes et juxtajointes par les petits doigts.

Ce n'est pas M⁰ Pocha qui me ferait manger d'une cuisine aussi barbare. Je demandais un jour à l'artiste habile et consciencieux, quand il veut, s'il savait faire le kouskoussou : à cette question son œil s'enflamma, et pour toute réponse il me couvrit, m'écrasa d'un suprême regard de dignité offensée et de douleur... Il avait le casque en tête, casque à mèche, mais il n'avait pas, fort heureusement, l'épée au côté, comme son devancier l'illustre Vatel; ce maître au caractère antique, qui fait pâlir, qui enfonce, même l'antiquité.

« *Tabulis remotis*, » j'offre le café à Sidi. Quel consommateur de café! il n'en a jamais assez, et puis il me chippe mon sucre.

La galette le matin et, je crois, pas toujours, — et le kouskoussou le soir, pas toujours non plus, voilà l'assez pauvre ordinaire des Beni-Hamed. Le poulet et la viande sont du luxe. Je crois qu'ils mangent ordinairement le kouskoussou à l'huile. Ils ont l'air assez pauvres et paresseux; rien cependant ne les empêcherait de défricher et de planter de nouveaux figuiers, puisqu'ils tirent si bon parti de leurs fruits frais et séchés, soit en les mangeant, pendant l'automne et l'hiver, soit en les vendant sur les marchés ou en les échangeant contre du blé, de la laine, etc.

Quant un bon réseau de routes, reliées entre elles

par des maisons de commandements, elles-mêmes situées de manière à devenir bientôt des chefs-lieux administratifs et judiciaires, des centres industriels et commerciaux, aura couvert la Kabylie et en aura à tout jamais assuré l'entière et complète pacification en l'ouvrant et en la rendant accessible en tous les sens à notre action industrielle, commerciale et civilisatrice ; alors on pourra aménager ses bois de pins et de chêne-liège, utiliser ses petits cours d'eau. On pourra penser à lui donner de nouvelles cultures et industries, telles que la culture du mûrier et l'élève du ver-à-soie, pour occuper ses enfants oisifs ; celle du châtaignier dont on pourrait déjà faire des semis, pour remplacer comme aliments leurs glands doux. — Il y a bien des choses à faire. — Je ne vois aucune industrie chez les Beni-Hamed, si ce n'est le trafic. Les Beni-Hamed ont peu de terres labourables : ils en tirent bon parti en y semant du blé et de l'orge ; ils ont encore quelques champs de fèves et, dans tous les endroits humides, ils y cultivent des courges. N'ayant pas de pâturages, ils n'ont d'autre bêtes à lait que les chèvres, qui encore en donnent fort peu, l'herbe et les bourgeons étant devenus rares dans cette saison.

Tous ces malheureux, ignorants et encroûtés de préjugés, ne comprennent pas encore bien, ou, peut-être ne veulent pas s'avouer à eux-mêmes tout ce que répandra un jour parmi eux de bien-être matériel et moral la venue des Français....

C'est en ruminant toutes ces choses que je m'endors sur mon tapis, près du vieux Lahoussin. Sidi ne veut pas que je me couche dans la cour, comme les autres, à la belle étoile. Au milieu de la nuit je suis réveillé en sursaut par des cris affreux, poussés tout près de moi : c'est cet animal de cheval noir de Sidi, mon voisin de lit qui se fâche contre celui de Saïd qui, selon ses habitudes de maraudes, a allongé son long cou et son long museau et lui a chippé ce qu'il avait sous le nez. Je n'ai jamais entendu de cris de bête aussi déchirants.

Sidi part de grand matin avec Idir pour ses affaires. Me voilà seul ! Je flâne dans la cour. Si l'oisiveté est la mère de tous les vices, le voisinage en est le père. Je fais l'œil à Ayini ; elle peint ses deux petites cruches ; je lui demande à boire pour entrer en conversation ; elle me passe une petite gargoulette. C'est une belle grande fille, un peu mince. Sa physionomie est très-douce. La coquette, sans faire semblant de rien, dénoue ses cheveux, qui aussitôt tombent en inondant de leurs boucles son visage et ses épaules ; à travers brillent ses grands yeux noirs ; elle les démêle avec un peigne ; quel luxe ! mais quel dommage que ses vêtements soient si malpropres ; elle ne les a jamais quittés depuis la première fois qu'elle les a mis, même pour se coucher.

Je m'assieds sur une pierre pour prendre quelques notes. Voilà un bœuf qui rentre ; il vient droit à moi ;

puis s'arrête tout étonné, en me voyant, et me regarde ; il paraît que j'ai pris sa place ; il a l'air de se dire : qu'est-ce que c'est que cet animal-là ; je n'en ai jamais vu comme cela ! il flaire mon calepin, dont la couverture est verte ; est-ce que par hasard il le prendrait pour une feuille de n'importe quoi, le bœuf qu'il est ? — C'est chose admirable que la douceur de caractère de ces grosses bêtes avec les gens, même des taureaux ; mais elle s'explique par leur vie, pour ainsi dire en famille, sous le même toit et presque côte à côte avec elle.

Je vais avec Saïd faire un tour dans le village. Nous entrons dans quelques maisons. Il y a sur les côtés quelques petits compartiments, à la hauteur d'un demi-mètre de plus que dans celle de Sidi ; elles sont intérieurement assez propres. Ma cravate excite l'envie des dames, qui ne se gênent pas pour me la demander. Je fais semblant de ne pas comprendre ; je n'en ai qu'une. Nous descendons vers le groupe de maisons près duquel nous sommes passés avant-hier. Un grand Kabyle nous accueille bien : c'est un homme de cinquante ans, aux yeux gris bleus, à la barbe blonde, mêlée de gris. Sa physionomie a presque l'expression de bonhomie d'un campagnard lorrain. Le capitaine lui a un peu abîmé ses propriétés, quoiqu'il prétende ne s'être jamais battu contre les Français ; il ment ; mais tout est à peu près réparé, et il ne se plaint pas trop ; il se souvient seulement de la leçon salutaire. Des femmes sont occupées à fabriquer, ou plutôt à édifier une immense amphore de deux mètres de haut, avec leurs seules mains; sans aucun instrument. Le vase terminé, on le laisse, je crois, exposé au soleil pour le consolider et le sécher, puis on fait du feu autour et au milieu pour le durcir.

Nous le quittons et allons par un sentier des plus pittoresques visiter une source un peu plus bas ; trois jeunes filles ont deviné notre intention. Je les aperçois bientôt, une outre vide sur le dos, courir furtivement dans la même direction : elles veulent voir le Roumi. En effet, nous les trouvons à la source, remplissant leurs outres ; je demande à boire à l'une d'elles, aussitôt elle m'apporte, avec beaucoup de complaisance, une petite cruche, qui lui sert à remplir les outres. Elle a la figure un peu longue, mais très-distinguée ; de grand yeux noirs et de belles dents ; ses formes sont sveltes ; elle n'a pas plus de quinze ans, bel âge !... son petit nom est Adidi. Nous sommes surveillés par un jaloux, qui fait semblant de faire boire son mulet. Ces animaux, les jaloux, sont insupportables.

En revenant, nous sommes attendus sur le chemin par un jeune aveugle d'une douzaine d'années : il m'offre une perdrix vivante, qu'il tient prisonnière dans une petite cage cônique. Si on pouvait décider ses parents à nous le confier, pour faire son éducation et apprendre un métier dans l'institution de Paris, quand il reviendrait ce serait un petit prodige au milieu des siens, et les aveugles en général aiment à raconter..... Petit moyen.....

Nous rentrons. Sidi est revenu. — De la fontaine, où nous allons ensemble, j'aperçois, avec ma longue-vue, sur l'extrême pic de la montagne, aux flancs de laquelle le village est bâti, des hommes gros comme des épingles. Je le dis à Sidi, qui s'amuse à les regarder aussi avec ma longue-vue. Il est enchanté de pouvoir les apercevoir à une si grande distance.

Sur ce pic de la montagne est un lieu saint, très-vénéré des Kabyles, qui y viennent en pèlerinage, le Tamgout el-lella Khedidja, c'est-à-dire, le pic de Madame Khedidja. C'est aujourd'hui jeudi et les Kabyles y arrivent ce soir pour y passer la nuit et la matinée de demain vendredi, jour consacré plus particulièrement aux devoirs religieux chez les musulmans.

Je cajole Sidi pour qu'il m'y fasse monter ; il sourit selon son habitude, mais ne dit ni oui, ni non ; — veut-il me faire désirer ? veut-il me refuser ?

Il paraît que jusqu'à présent, ni Arabe, ni Turc, ni Maure et encore bien moins un chrétien, n'a hasardé le pied sur ce lieu sacré : quiconque l'eût osé, n'en serait pas revenu, vivant du moins. — « Brahim, mon cher Brahim, homme fort comme tes montagnes, il faut que tu me conduises là-haut et que j'en revienne avec ma tête sur..... les épaules. » Brahim fait la sourde oreille. — « Il n'y a pas de chemin ; mais avec des jarrets comme les tiens, on en fait, des chemins, ou plutôt du chemin. »

— J'examine les abords, les pentes, etc. L'ascension me paraît très-possible ; je ne vois qu'un massif de cèdres à traverser, mais pas de fouillis de broussailles impénétrables.

Nous rentrons; Sidi s'aperçoit que je suis tristement préoccupé. Ce que j'ai, je ne sais.... un moment de tristesse ; cela m'arrive parfois ; c'est une vieille habitude ; quelque retour sur le passé, sur notre jeunesse qui n'a pas été gaie !... Il m'appelle : « Monsieur Hou » les indigènes prononcent notre u comme les Allemands. Il décroche un petit pot suspendu au mur, au-dessus de son lit, et en tire du miel, qu'il met sur une espèce d'assiette et m'offre avec son sourire câlin. — Vieux tentateur ! vieux corrupteur ! est-ce qu'il me prendrait par hasard pour un enfant, avec ses séductions de nourrice? — Il a dû être dans son temps un fameux cajoleur de femmes et de filles.... Oh, le vieux gourmand !.... C'est qu'il est très-bon, son miel en rayon.

Le soir, j'aperçois un feu briller sur le tamgout de Lella-Khedidja, la maraboute ; les pèlerins festoyent. Nous soupons ou dînons, comme vous voudrez, au clair de la lune ; puis, nous nous étendons sur des nattes, pour jouir de l'air velouté d'une magnifique soirée, avec d'autant plus de délices que la journée a été brûlante. Saïd entreprend le vieux Lahoussin et le fait rire ; quel rieur que ce vieux bonhomme ! Ali s'est mis près de moi ; il me joue sur sa flûte des airs kabyles, que j'écoute avec beaucoup d'intérêt et d'attention, cherchant à les retenir. La cour s'emplit peu à peu d'amateurs à ses accens, qui les tiennent éveillés et charment leur imagination. Sidi lui-même vient se coucher à mes côtés.

La flûte champêtre, la flûte de roseau des bergers de Virgile, n'est plus une fable, un mythe; Ali me joue tout son répertoire, les airs des Beni-Ala, des Beni-Mechedalas, où nous sommes, des Beni Secca, des Zouaouas, etc. : ce dernier surtout a quelque chose d'étrange et même de compliqué, de fort original ; moi, qui retiens assez facilement la musique d'un opéra de première à deuxième audition, je ne puis me le fourrer dans la tête.

Je n'aime pas notre flûte; elle est prétentieuse, vaniteuse, impuissante et fausse ; ce n'est ni la voix humaine, ni la voix des oiseaux. Si j'étais flûteur, je briserais mon sot instrument, en entendant le rossignol par une belle nuit de primptemps : elle est aux autres instruments ce que la voix d'un castrat est aux autres voix. Lahoussin me montre un jeune homme, aux grands yeux noirs, à la figure un peu maigre, mais expressive : c'est aussi un virtuose... un chanteur. « Chante donc. » — Comme il est aussi étendu à terre, il rampe jusqu'à Ali. Il chante à mi-voix, sur un ton très-élevé, avec une justesse, une délicatesse d'oreille et de gosier remarquables, et même avec beaucoup de sentiment musical. Sa voix est à la fois très-douce et très-pénétrante ; il a, comme Ali, le feu sacré. Ali répète sur sa flûte ce qu'il chante. Si la voix humaine, et surtout celle de la femme, est l'expression touchante, émouvante, passionnée de la poésie musicale, la flûte d'Ali en est pour ainsi dire le soufle. J'aperçois l'âme d'Ayni, appuyée contre une ruine; elle écoute aussi; est-ce le prestige du chant? ils paraissent tous sous le charme, et dans ce moment pas une méchante pensée n'est dans leur cervelle, pas un mauvais sentiment dans leur cœur. Il me semble que je suis, comme les autres, sous le charme. C'est qu'aussi tout porte à l'imagination. Après une journée embrasée par le soleil d'août et le soufle du siroco, une nuit douce et paisible à l'air embaumé, velouté, et par un beau clair de lune éclairée. La lune, c'est l'astre de la poésie nocturne; sa demi-lumière est comme un voile, dont la transparence ne laisse voir que les perfections; c'est comme un prisme qui permet à l'imagination de poétiser, de sentimentaliser les êtres et les choses; d'animer, de peupler les ombres de ses rêves. Aux lueurs de la lune, les regards des femmes éclosent et brillent divinement de mystères divins, comme éclosent et brillent les fleurs aux rayons du soleil: alors toutes les femmes sont belles, car c'est l'astre qui éclaire leur âme et leur cœur... Oh!... mais...

Au-dessus de nous le pic de Lella Khedidja, à la pointe duquel brille, comme une étoile fantastique, un feu allumé par les pèlerins. A nos pieds les vagues profondeurs de la vallée, avec ses bruits, ses frémissements nocturnes, étranges ; à l'horizon les silhouettes ombrées des montagnes et, dans le ciel, la lune, suspendue pour lustre. Je n'ai jamais entendu de concert dans une salle ornée d'aussi grandioses, d'aussi merveilleuses décorations. Et me voilà à quarante lieues d'Alger, au-delà des vallées, au-dessus des forêts, dans un village du Djurdjura, perché comme un nid d'aigle, seul au milieu de ces Kabyles, abhorrant l'étranger, fanatiques de leur indépendance, ayant tous quelque mort à venger, et, au lieu de m'égorger, ils veillent sur moi et, pour m'amuser, me chantent leur antique poésie, chants d'amour, chants de guerre, de combat, légendes d'histoire ; est-ce un rêve?... Cette soirée restera à tout jamais profondément gravée dans ma mémoire.

Sidi se lève et m'engage à venir me coucher. Je le laisse aller. Il est enchanté de me voir sous le charme de sa soirée musicale au clair de la lune. Il me rappelle : de la prudence ; cédons. Il doit avoir des motifs pour me mettre sous clef. Peut-être craint-il qu'un Beni-Melikeuch, tribu hostile et très-voisine, ou même un ennemi personnel, ne soit tenté de me canarder, dans l'intention de lui jouer un mauvais tour.

Je remercie mes artistes kabyles du plaisir qu'ils m'ont fait éprouver, et je les laisse, très-flattés de l'attention et de la satisfaction, que je leur ai manifestées. Saïd, qui a le caractère passablement jaloux, tout en reconnaissant qu'il a une voix de jeune coq dans la mue, m'assure qu'il me chantera une chanson kabyle de cent couplets, une véritable épopée ; ce sera pour une autre fois.

Je suis réveillé, longtemps avant le jour, par une voix qui murmure : c'est Sidi, récitant ses prières sur un ton de litanie. Sa voix a du charme ; elle est très-juste et musicale. Le vieux Lahousssin se met de la partie : ces prières, dites dans l'obscurité, et que j'entends à moitié endormi, me font un singulier effet.

Quand le jour est venu, je me lève. C'est aujourd'hui que nous partons pour le village de Sidi : c'est le grand jour. Si j'en reviens, je me croirai invulnérable. Ma gentille petite Dabia, qui n'a plus peur de moi, qui me guette toujours et me sourit, a quelque chose à me demander ; mais elle n'ose approcher ; il y a trop de monde autour de moi. Elle se sauve en trottinant menu : chargée de son petit frère, qui est plus gros qu'elle, et qui commence déjà à exercer la domination de l'homme sur la femme. Mets-le par terre, et s'il pleure, fiche-lui le fouet, jusqu'à ce qu'il se taise, le paresseux et égoïste môme : cela lui formera le caractère et le cœur, au méchant drôle ! Les grands moyens ! il n'y a que cela ! —

Nous déjeûnons, et vers cinq heures du matin nous nous mettons en route. Ah ! voilà la petite Dabia avec toute sa marmaille, échelonnée sur les ruines pour me voir passer. « Adieu Dabia ; » —

est-elle gentille, cette petite! — Nous commençons à contourner la montagne en marchant du Sud à à l'Est; puis, de l'Est au Nord. Nous traversons de hautes broussailles où le chêne vert domine; elles sont interrompues par des champs. De temps en temps on aperçoit, campé dans un joli site, un gourbi avec son jardin cultivé d'une espèce de courge et de blé de Turquie. La vue est immense. De l'autre côté d'un profond et large ravin, je remarque une montagne, dont une grande partie est noircie; c'est la trace d'un récent incendie. Les Beni-Melikeuchs habitent l'autre revers. Ils sont en guerre avec nous; ils sont très-indépendants et belliqueux. Habitant des montagnes, qui ne produisent pas assez pour leur consommation, bloqués partout et manquant conséquemment de moyens d'existence, ils préfèrent vivre de misère, souffrir même de la faim, plutôt que de se soumettre. Je crois que si on donnait carte blanche au capitaine, il les aurait bientôt pacifiés.

Nous montons, puis redescendons et passons près de deux maisons précédées de jardins plantés de blé de Turquie et de fèves, et ressemblant à deux fortifications. Ce lieu est très-joli et très-pittoresque; il est de plus très-vénéré, car il a été autrefois habité, dit la tradition, par la fameuse Lella-Khedidja. Plus loin, sur le bord du chemin, qui est assez large, mais très rocailleux, notre avant-garde, composée de trois ou quatre Kabyles armés de leurs longs fusils, s'arrête devant une maisonnette carrée, ouverte du côté du chemin, ombragée par un frêne magnifique, aux branches duquel sont grimpées et suspendues des vignes. Elle abrite un petit bassin du fond duquel on voit soudre une source. C'est une fontaine, théla. Nous regrimpons un peu, puis redescendons ; les pentes et les sommets des montagnes que nous longeons, les laissant à gauche, sont garnis de cèdres. Nous nous arrêtons près d'une source, derrière laquelle se trouve un petit massif de chênes zen, pas très-hauts, mais assez forts et vigoureux.

Je laisse mon mulet, qui m'impatiente avec sa marche monotone et précautionneuse ; Sidi, qui était resté en route, me rejoint, et je prends la tête de la colonne, pedibus. — La montée devient rude ; à mesure que nous avançons, l'aspect du pays devient sévère et sauvage : plus de culture, ni de gourbis ; terrain aride et rocailleux, âpre nature.

Nous redescendons encore, laissant à notre droite un massif de cèdres ; — en voilà un parfaitement dénudé de son écorce, un autre à gauche, solitaire, étend ses branches sur le chemin. Je le mesure : il a quatre brassées de circonférence ; il ferait le bonheur d'un peintre de paysage. A deux mètres de hauteur il se divise en plusieurs branches énormes, qui s'étendent en se tordant et se nouant, dans le genre du fameux hêtre de Villers-sous-Preny, mais bien plus gigantesque.

Nous rencontrons des Kabyles à pied et à mulet, armés de fusils ou de pistolets : à la vue de Sidi, ils s'arrêtent et lui témoignent des marques de déférence et de respect ; ceux qui sont sur des mulets en descendent. Je laisse Sidi causer simplement, bonnement avec eux. Ibrahim prend un raccourci : je le suis ; — s'il est court, le raccourci, il n'est pas commode ! il faut tantôt s'amincir, s'applatir, et sauter de rocher en rocher comme une chèvre.

Nous grimpons ainsi pendant une heure. Ibrahim est en avant avec un autre Kabyle ; ils ont gagné de l'avance sur moi. Ils ont des jarrets de fer ces gaillards-là ! Il est vrai qu'ils ne sont pas gênés dans leur marche par leurs habillements : une chemise en toile de coton sans cou ni manches, très-large, en forme de tunique : une petite chechia de laine sur le haut de la tête et des espèces de sandales en peau de bœuf pour chaussures.

Nous arrivons au sommet ;... attention ! voici un passage dangereux. Il n'y a plus pour passer qu'un fil de sentier, extrême crête de feuilles verticales de rocher ; à gauche un rocher, qui vous serre les côtes et vous menace la tête ; à droite un abîme à donner le vertige à la plus forte tête. — Au moment de franchir le terrible pas, je me trouve subitement nez à nez avec un Kabyle, armé de son long fusil, derrière lequel marchent, un à un, cinq ou six autres armés de fusils et de bâtons ou de gadoum, petite hachette ; puis en voilà autant qui surgissent derrière moi ! d'où diable sortent-ils donc ?... Amis ou ennemis ?... je ne vois plus Ibrahim : m'aurait-il tendu un piége en m'écartant de Sidi ?... Serais-je dans un guet-à-pens ? Une poussée de la main, ou même seulement du bout d'un bâton, et je tombe, je plonge dans l'abîme et de là dans..... l'éternité !

J'avance un peu en leur adressant de la parole le salut d'usage : *Argkez kobails, ouachalek,* etc.; hommes Kabyles, comment vous portez-vous ? Je ne vois rien d'hostile sur leurs physionomies. Ils me font place et se rangent, mais du côté du rocher ; — le sentier s'est un peu élargi, je m'arrête ; je prends à l'un d'eux son fusil, que j'examine ; j'en fais jouer la batterie, une vraie rouillarde ; je montre le mien, qui les étonne.

Enfin j'entends la voix d'Ibrahim : où est-il donc passé ? — Je resalue mon monde et m'éloigne. Ils restent plantés sur leurs jambes, me regardant partir, fort étonnés. Je me rappellerai longtemps cette rencontre, et si jamais je les rencontre moi-même, sur le boulevard Italien, je leur paierai à tous des glaces.

Sous l'endroit le plus étroit, le plus scabreux du sentier, un vieux cèdre rabougri s'est cramponné à la pente du rocher et a enfoncé ses racines dans les fentes comme des crochets dans une muraille. Ses branches s'étendent au-dessus du gouffre et ses pommes tombent au fond, sans s'arrêter ;... du diable, si je grimpe aux dites branches pour les cueillir. Il n'y a même qu'une sorte d'oiseau que je me hasarderai à aller y dénicher : c'est à vous faire dresser les cheveux sur la tête....; à ceux qui en ont, bien entendu, des cheveux ; je trouve cette locution trop métaphorique ; car voilà déjà plusieurs fois que je me trouve en situation de voir ou plutôt de sentir mes cheveux se dresser sur ma tête ; eh bien ! non-seulement ils ne se sont pas dressés, mais ils n'ont même pas poussé. Aussi c'est un genre de cosmétique que je ne conseille à personne.

J'arrive sur un plateau et j'aperçois, au-dessus de moi, Sidi sortir d'un bouquet de cèdres. Il a de l'avance. Je descends un peu et me trouve maintenant sur la pente nord du Djurjura ; je rejoins bientôt Sidi, qui s'est arrêté pour régler des difficultés entre deux Kabyles, qui l'ont pris au passage. Nous descendons encore un peu, puis nous nous arrêtons au-dessus d'une source sortant d'une petite grotte dans le rocher ; elle coule au dehors par un petit morceau d'écorce en forme de goulot de fontaine. C'est une imitation française due à quelque voyageur kabyle. L'eau est à la glace et excellente. Sidi tire, de je ne sais où, une galette, toujours de la même farine et sans beurre, et m'en donne un morceau ; Ibrahim a deux oignons, qui sont partagés ; j'offre le sel. — Sidi ne touche pas aux oignons : serait-ce une petite vengeance à propos des oignons du bordj Bou-eira ?

La marche et l'air vif et même froid de la montagne m'ont creusé l'estomac à fond, et je trouve la galette et l'oignon excellents ; y en a-t-il encore ?

Nous continuons à redescendre ; cette fois Sidi a mis pied à terre ; le sentier n'est plus qu'une série échelons de rochers ; les pentes sont assez bien arnies de cèdres, surtout à notre droite. Nous raversons un petit torrent, à peu près à sec. De autre côté le sentier a été récemment réparé ; il est même à un endroit disposé en zigzag, à l'imitation e ce que nous faisons ; de grosses pierres ont été ntassées pour le soutenir. Je fais remarquer ces traaux d'utilité publique à Sidi. Ma remarque paraît ii faire plaisir, car je crois que c'est lui qui les a rovoqués et fait exécuter.

A défaut d'institutions déterminées, de prescripons administratives, la nécessité fait loi et ensuite evient usage chez ces tribus, divisées en une infiités de républiques indépendantes, souvent même nnemies les unes des autres. — Ainsi, quand après hiver, un éboulement a obstrué un chemin ou qu'un orrent l'a ouvert et raviné, la djemma, espèce de onseil municipal, se rassemble et décide que le hemin sera réparé ou refait par tous, sous la direcon de l'amin.

Mais qu'est-ce l'amin, me dites-vous, car je ne rois pas vous avoir déjà parlé de ce personnage de i société kabyle. L'amin, c'est de l'endroit, tout à i fois, Monsieur le maire, Monsieur le juge de paix, uelque peu Monsieur le président, quelque peu aussi Ionsieur le procureur-impérial, voir même Monsieur ingénieur des ponts-et-chaussées, quoiqu'il n'y ait i ponts ni chaussées, et, qui est plus est, Monsieur e président du Corps législatif, ou plutôt de l'assemblée législative; car il cumule quelque chose de chacune de ces fonctions, attributions; le tout gratis, *pro honore*, seulement pour le *nif* (honneur).

Chaque village qui se comporte bien, a son amin, élu par tous les habitants. En temps de calme, et quand le souffle de l'ambition, des rivalités, etc., en un mot, des passions de l'âge mûr, n'a pas allumé la discorde dans le village et ne l'a pas divisé en plusieurs partis, quand règnent entre tous la paix et la tranquillité, cette élection se passe assez paisiblement, sans agitation, du moins militante.

Les anciens et les chefs de famille se réunissent dans la tejemaïde. On propose, on discute, on délibère; en tous cas, à grands coups de langue; on braille même un peu, sinon beaucoup, et on finit par s'entendre sur un choix. En temps de paix intérieure ou extérieure, ce choix tombe, autant que possible, sur un homme bien famé, d'un caractère ferme, mais modéré et conciliant; ayant la tête bonne et le cœur droit, n'appartenant pas à une famille trop influente. Élu dans ce concours de conditions et de circonstances, l'amin est, en quelque sorte, le représentant de l'autorité de tous, le protecteur des intérêts des faibles, le conservateur officiel des droits et usages de la commune, chargé de les faire exécuter et observer. Il n'est élu que pour une année, tant est grande et ombrageuse l'indépendance kabyle. D'ailleurs, en république, là et plus qu'ailleurs, chacun son tour. Le choix fait est annoncé aux habitants du village, puis sanctionné et sanctifié par une prière prononcée en public par le marabout de la localité et répétée par tout le monde ; puis en voilà pour une année, sauf décès, révolutions, etc.

L'amin nouvellement élu choisit, à son tour, dans chaque famille un homme appelé tammann, pour l'aider dans son administration. Les fonctions du tammann consistent à tenir l'amin au courant de ce qui se passe dans le village ; à l'informer, par des rapports secrets, des délits commis et à lui faire connaître les délinquants ; à le tenir au courant de ce qui se passe ; à exécuter ses ordres et ses sentences ; à lui prêter main-forte pour maintenir le bon ordre, etc. ; ces fonctions sont aussi gratuites.

L'amin intervient dans les petits différends pour les arranger, dans les petites querelles, en conciliateur. Instruit par les tammanns des délits, il fait venir devant lui, en public, les délinquants ; leur fait connaître les faits qui leur sont reprochés, sans indiquer ceux ou celui qui les a révélés, et si l'inculpé ne se justifie pas, le condamne à une amende dont le taux varie suivant les divers cas et les lieux.

Chez les Beni-Boudrer, c'est-à-dire les fils de la montagne, voici à peu près le tarif de ces amendes, d'après Si Saïd, ou, pour rendre à chacun ce qui est dû, de Sidi el-Hadj-Saïd : pour coups de poings échangés... trente sous. — Pour un coup de dent... deux francs. — Pour avoir tiré le fer et menacé d'en frapper... dix francs. — Pour en avoir frappé... quinze francs. — Pour avoir frappé avec une pierre.......... — Pour avoir occasionné la chute d'une femme, en la heurtant ou en l'effrayant avec sa monture, cheval ou mulet, dans un chemin ou dans une rue..... deux cents francs (cela me paraît beaucoup pour des gens qui, en général, sont pauvres). — Pour avoir fait boire sa bête (ne confondez pas, je veux dire, son mulet, son âne, etc.) à la fontaine, pendant que les femmes y étaient.... deux francs. — Il y a exception pour les étrangers voyageant. — Pour avoir pénétré dans un jardin, sans la permission du propriétaire............ — Pour dégâts causés dans un champ par un animal domestique.... un franc. — Pour vol d'un bœuf, d'un mouton, etc., ou de toute autre grosse bête, à quatre pattes ou pieds.... deux cents francs, plus la restitution, à défaut de la bête elle-même, de son prix, à la personne à qui elle a été volée.

Je ne vous parle pas des vols de bestiaux commis par les habitants d'un village, d'une tribu, au préjudice d'habitants d'une autre tribu ou d'un autre village. Ceux-là sont hors de sa compétence et se règlent par représailles ou à coups de fusils entre tribus.

Ces pénalités sont connues de tous. Elles sont de plus conservées, de temps immémorial, dans des manuscrits traditionnels, dont je vous ai déjà parlé et appelés canons. Lorsqu'un cas non prévu par les ca-nons surgit, l'amin rassemble les anciens et les tammanns. La question est soumise, examinée et discutée, puis une pénalité nouvelle est décrétée, par analogie avec d'autres, ou même tout à fait à nouveau. Cette pénalité est insérée dans les canons et devient loi comme les autres. Elle est immédiatement appliquée. Il paraît que les Kabyles n'admettent pas qu'une action mauvaise puisse, à défaut de pénalité existante, rester impunie.

Si le condamné ne s'exécute pas volontairement de lui-même, ses biens meubles et même immeubles sont vendus, jusqu'à concurrence du prix de l'amende. Les tammanns sont chargés d'exécuter. S'il n'a rien, celui chez lequel il demeure ou qui répond pour lui, paie pour lui.

La prison, comme pénalité, la prison, cette pénalité de nos codes qui punit et surtout corrige si peu, en pratique du moins, en matière de vol, n'existe pas chez les Kabyles. Elle ne peut même pas exister, les moyens d'exécution leur manquant.

Quant aux meurtres, assassinats, ils ne sont pas de sa compétence, mais de celle des familles intéressées, à moins cependant qu'il ne s'agisse de quelque crime atroce, soulevant l'indignation et la colère de tous, comme par exemple d'ouvrir le ventre, par vengeance, à une femme enceinte. Alors c'est la lapidation. Chacun jette sa pierre et le coupable n'a pas d'autre tombe pour couvrir son corps et le défendre contre la dent des chacals, que les pierres sous lesquelles il a succombé.

Il perçoit lui-même les amendes, sauf à en rendre compte, à l'expiration de ses fonctions.

Vous avez vu l'amin conciliant, requérant, jugeant, présidant le corps législatif, l'assemblée législative ; le voici maintenant administrant.

Il ordonne des corvées pour les réparations des chemins et les fait exécuter par les tammanns. Il veille à la conservation des fontaines, des djemma, des tégémaïdes, ainsi qu'à leur entretien et à leurs réparations. Il pourvoit à l'hospitalité des étrangers et des voyageurs sans amis dans le village. Toutes ces dépenses sont faites avec les fonds provenant des amendes. D'après ce que j'ai vu, du reste, des monuments publics ou des travaux d'utilité publique, ils ne doivent pas coûter grand'chose d'entretien et même de construction ou d'établissement premier. Quand à l'hospitalité municipale, elle s'exerce dans la tégémaïde et au kouskoussou.

Si chaque village a son amin, chaque tribu a aussi le sien. Celui-ci se nomme *amin élouamna*. Il est élu par tous les anciens de tous les villages de la tribu. Cette élection se fait en dehors des villages et ordinairement en un lieu à cela consacré. Chez les Beni-Boudrer, c'est au pied d'un arbre antique, appelé *Sidi-Ali-Bou-Nab*.

L'amin élouamna traite des affaires, des différends de tribu à tribu, de village à village, de partis à partis dans le même village, où, par exemple, deux amins ont été élus à la fois, en concurrence, en rivalité l'un de l'autre, comme deux reines dans la même ruche. Alors il intervient pour arranger les choses. Il a, aidé et assisté par plusieurs tammanns, deux par villages, la police des marchés de la tribu. Ces marchés sont des espèces de champs de foire qui se tiennent, par mesure de prudence et de défiance réciproques, dans des lieux à ce destinés, mais différents, en dehors des villages, à jour fixe. Ils sont très-fréquents. Il y en a chez les Zouaouas à peu près autant que de jours de la semaine. Ils portent le nom de ce jour; ainsi c'est le marché du dimanche, du lundi, etc. Il y en a de très-fréquentés. On s'y rend, non-seulement pour y vendre ou y acheter, mais aussi pour y apprendre ou y débiter des nouvelles. Aussi peut-on les considérer comme des thermomètres indiquant l'état politique du pays. On y trouve des bœufs, des vaches, des moutons, des chèvres, des mulets, des ânes, du blé, de l'orge, du béchena, des figues sèches, de l'huile d'olive, du goudron, des burnous et des haïcks communs, de grands plats tournés, de la poterie, etc. On s'y bat quelquefois. Les femmes n'y paraissent pas. On y vend aussi des toiles de coton communes et quelques objets de droguerie et de quincaillerie. On y abat des moutons et des bœufs, qui sont débités sur place. L'amin y veille au maintien de l'ordre et de la tranquillité. Il concilie, arrange les petits différends, les petites contestations; il fait observer les usages et condamne les contrevenants. Il empêche, par exemple, qu'aucun paraisse sur le marché, armé d'un fusil. Il contrôle les mesures; ses sentences sont exécutées sur-le-champ.

Que dites-vous de mon amin, grand et petit, maître-Jacques, législateur, magistrat, fonctionnaire, etc., concentrant en ses mains toutes les attributions et fonctions si diverses, réparties entre tant d'autres chez nous, et cela, à bon marché, certes, pour rien, gratis, pour le *nif* (j'aime beaucoup ce mot, *nif*, nez). Très-sérieusement, ce système, ou plutôt cette machine, tout à la fois municipale, administrative, judiciaire, législative, etc., ne vous semble-t-elle pas conçue et combinée avec une admirable entente et prévoyance de chaque chose, une grande sagesse pratique, une profonde connaissance et expérience du caractère kabyle, une pondération bien calculée et un équilibre exact des droits, des intérêts, des forces, de tous les éléments du village kabyle, et, enfin, avec une simplicité de rouages parfaite. Et le bon marché donc?

Mais, maintenant, comment fonctionne-t-elle? C'est ce qu'il faudrait voir et examiner sur le terrain. Le terrain, je ne connais que cela pour expérimenter les choses. En temps de calme, elle peut, je crois, marcher assez bien; mais quand la guerre s'allume? qu'une querelle, par exemple, et il y en a toujours en germe, qu'une querelle vienne à surgir dans un village ou sur un marché; qu'elle s'échauffe et s'enflamme, et qu'on en vienne aux coups. Alors chacun prend parti pour le sien, selon ses intérêts, ses affections, sa parenté, ses haines, ses rancunes, etc. Ces têtes aux résolutions mobiles, promptes, énergiques, violentes, extrêmes ; ces cœurs, où couvent sans cesse quelque ferment, quelque réminescence de ressentiment, de rancune personnelle ou de famille, ou même de village, de tribu, ou quelque compte de vengeance, vieux ou nouveau, s'emportent, s'enflamment, On court aux armes, et le champ de foire devient un champ de bataille. Alors, Monsieur l'amin et Messieurs les tammanns sont renversés, roulés, emportés, soufflés par la bourrasque, la tempête, et la fameuse machine déraille, éclate, saute et disparaît.

Quoi qu'il en soit, quand nous serons, et j'espère bien que cela sera bientôt, quand nous serons tout à fait et partout les maîtres de la Kabylie, nous y trouverons, enraciné dans les mœurs, un système municipal, à peu près complet et auquel il ne manquera, pour le devenir tout à fait, que d'être sanctionné par la force et rattaché à l'autorité française. Un moyen bien simple serait de substituer à l'amin élouamna, ou plutôt, en vue de ménager les susceptibilités nationales, de lui adjoindre un fonctionnaire français. Ce fonctionnaire releverait lui-même d'un plus élevé, etc., sous-préfets et préfets, pas autre chose, avec des fonctions modifiées et appropriées aux exigences, aux nécessités du pays.

Nous avons causé de tout cela, le capitaine et

moi ; aussi ne sais-je trop si ces idées sont les siennes ou les miennes, de lui ou de moi. Elles sont peut-être de tous les deux. Les beaux, les bons esprits se rencontrent. Ouf ! c'est un dicton.

Mais encore un mot. En temps de guerre extérieure, étrangère, les choix ne sont plus les mêmes. Les amins particuliers et élouamna, au lieu d'être choisis parmi les hommes de paix, sont, au contraire, choisis parmi ceux qui sont les plus propres à la guerre par leur courage, leur caractère, leur génie, par le nombre des fusils, dont ils peuvent disposer, par leur fanatisme, etc.

Voilà ce que c'est que l'amin ou les amins. Je reprends. Nous faisons une seconde halte, sous un très-beau cèdre, près d'une abondante et excellente source. Au milieu de cette nature, ou plutôt au haut de cette nature âpre et sévère, sauvage et solitaire, le lieu est presque riant. J'offre le café à la satisfaction générale. Offrir le café aux Kabyles, c'est comme si on offrait la goutte à nos troupiers. C'est un temps d'arrêt en chemin ; c'est l'occasion de jaser, de rire, etc. Un kabyle allume du feu avec mes allumettes fulminantes, ce qui l'amuse beaucoup. Je fais faire le café par Saïd. C'est mon élève ; mais il n'est pas encore cependant très-fort. Je régale toute la société, par deux ; car je n'ai que deux petites tasses à café, en fer battu. Ça n'est pas élégant, mais ça ne casse pas. Sidi, mon cher Sidi, je t'en prie, ménage mon sucre. Ma provision n'est pas forte et il n'y a pas, que je sache, d'épicier sur la route. Quel consommateur de café que Sidi ; mais il n'est pas dans les bons principes ; il sucre trop.

Nous trouvons là trois jeunes gens, bien découplés, de haute taille, à l'allure décidée, hardie et bonne mine, le fusil à l'épaule ; ce sont des amis des environs venant au-devant de Sidi. J'aperçois dans le lointain, de l'autre côté d'une vallée et sur le penchant d'une montagne, deux gros villages aux toîts rouges ; ils sont entourés de jardins et de vergers. Sidi se bichonne. Saïd lui taille les moustaches, qu'il porte très-minces, et la barbe, qu'il porte courte ; il lui rase ce qui n'est pas sur l'alignement avec un coûteau à lame mince et recourbée. Les Kabyles en ont de semblables, suspendus dans une gaîne ; ils ne s'en servent guère qu'à faire la barbe et raser la tête ; le manche est en bois. On les fabrique en Kabylie, Les meilleurs cependant sont fabriqués à Bouçada, avec de vieux fers de chevaux.

Puisque Sidi se fait beau pour rentrer chez lui, je vais en faire autant. Je tire de mon sac un rasoir, des ciseaux et une petite glace pour m'accommoder proprement, convenablement, barbe et moustaches. Ce que voyant, Sidi m'emprunte tous ces ustensiles de toilette et se fait refaire la barbe et moustache avec mon rasoir, mes ciseaux et ma glace. Saïd en fait autant pour lui, puis rase toute la société avec mon rasoir, — qui va être dans un joli état ! Il m'offre ses services.... Merci, je le suis assez comme cela, rasé.

— Voyez-vous un juge français, fournissant dans les gorges du Djurjura des ustensiles de barbier, y compris le savon, à une bande de Kabyles ! Je ne crois pas que les décrets sur les préséances aient prévu le cas.

Nous nous remettons en route. Chemin faisant, Sidi me raconte des histoires de patriarches ; il fait exhibition de ses connaissances bibliques. Il s'arrête avec complaisance au roi David, qui aimait assez les jeunes épouses et surtout en grand nombre. Il me parle aussi du sacrifice d'Abraham ; ah ça, pas de sottes plaisanteries ; qu'il n'aille pas me prendre pour le bélier. Il me cueille une fleur, jaune tendre, à haute tige, qu'il appelle Nouar el-Mariem, fleur de Marie : serait-ce un souvenir chrétien ?

Enfin nous avons atteint le bout du chemin et nous nous trouvons sur une petite crête de rocher. Sidi s'arrête et me montre avec satisfaction un pays nouveau, c'est celui qui porte le nom de confédération des Zouaouas, s'étendant le long de la chaîne nord du Djurjura, sur une longueur de huit à dix lieues environ et d'une largeur d'une à trois lieues. J'aperçois un grand nombre de villages, tous situés sur les crêtes, et dont quelques-uns me paraissent considérables ; un, entre autres a un minaret de mosquée assez élevé et tout blanc.

A mesure que nous descendons, nous trouvons des cultures. Là où il n'y a pas assez de terre pour des cultures, on a laissé venir des chênes à glands doux, qui sont de la grosseur de gros pommiers. Le chemin est bordé de haies et même de murs en pierres sèches formant clôture. — Tout est parfaitement cultivé ; je vois peu d'oliviers ; le pays est encore trop haut, mais beaucoup de figuiers.

Pendant que je vais le nez en l'air et l'esprit aussi, pensant, cherchant par quel moyen possible, l'introduction de nos chères sœurs, par exemple, quelques germes de notre civilisation, surtout en ce qui regarde les femmes, pourraient être implantés à bientôt, chez ces tribus populeuses, ma diable de bête fait un faux mouvement, le bât tourne, et je dégringole : ça vous apprendra une autre fois à regarder devant vous, à vos pieds, au lieu de regarder en l'air.

Est-ce de bon ou de mauvais augure de trébucher et de tomber ainsi en entrant pour la première fois dans un pays ? Est-ce avertissement ?.... ne va pas plus loin... Serait-ce encore une espliéglerie du sort, dites donc ? Il s'adresserait bien, l'espiègle.

Bah ! j'avais oublié de prendre pied en Kabylie, eh bien ! je prends pied, et voilà.

Nous avons devant nous une vraie muraille de rochers, au pied de laquelle sont de petits champs soutenus par des murs en pierres sèches. Presqu'à l'extrémité il y a une échrancrure carrée, semblable à une porte taillée au ciseau. Nous devons passer par là. Si ce n'étaient nos bêtes, je m'attendrais à y trouver des échelles. Avant d'y arriver, je remarque des plantations de vignes. Arrivés au bas dudit rocher, nous montons, sans mettre pied à terre, par des espèces de marches naturelles. Nous y rencontrons deux femmes portant des outres pleines d'eau ; toujours le même cachet de misère et de servitude.

Une fois le passage gravi et franchi j'aperçois de nouveau une foule de villages, à toutes distances, et celui du vieux El-Hadj Hamiche, au-dessous de nous à environ un quart de lieue ; il est considérable et s'étendant le long d'une crête qu'il couvre ; il nous cache celui de Sidi, situé encore plus bas. Nous y arrivons par un sentier de descente, véritable casse-cou.

Nous passons devant une fontaine en maçonnerie, adossée à de beaux frênes. Des femmes y puisent de l'eau. Nous entrons à pied dans le village, car il est d'usage de mettre toujours pied à terre pour entrer et marcher dans un village Kabyle, par une espèce de corps de garde, et nous nous trouvons dans une longue rue, large de deux mètres, entre les murs des cours qui précèdent les maisons. Aucune des maisons n'a donc de porte ouverte sur le dehors, du côté de la campagne, ce qui donne au village, à l'extérieur, l'acpect d'une forteresse. Les habitants, que nous rencontrons, font une foule de salamalecs à Sidi, qui marche devant moi. Je trouve le vieux El-Hadj devant une maison. Il nous avait quittés au bordj Bou-eira, pour aller voir la fantasia du quinze août à Aumale. Nous nous livrons réciproquement à une série de poignées de mains, françaises, et de salamalecs à n'en plus finir.

La soirée s'avance : nous sortons par une autre extrémité, aussi terminée par une espèce de corps de garde ; à droite et à gauche sont des espèces de lit de camp en maçonnerie. Hors du village nous passons devant d'autres maisons. Les femmes et les enfants sortent pour me voir passer

A l'exception de quelques déserteurs, qui se sont faits immédiatement musulmans, je suis le premier chrétien qui, ostensiblement et vêtu en Français, ai pénétré dans le village.

La nuit tombe tout à fait. Nous descendons par un chemin creux fort mauvais, car ma bête prend beaucoup de précautions. Après environ une demi-heure de marche scabreuse, je mets pied à terre. Sidi ne tarde pas à en faire autant : c'est à peine si je puis le voir, la lune n'étant pas levée et la nuit étant très-sombre. Je marche le long d'une crête, couverte de pierres plates et longues ; c'est un cimetière ; puis nous entrons dans un village. Il fait noir comme dans un four. Je suis aveuglément Sidi, qui, après avoir marché assez longtemps, à ce qu'il me semble, s'arrête devant une porte et frappe : on lui ouvre bientôt et je suis introduit, au fond d'une cour, à gauche, dans une maison éclairée par une énorme lampe en terre. Hamed et Ali, fils de Sidi-Djoudi, viennent aussitôt me saluer. On m'apporte de l'eau, du kouskoussou et un petit matelas, le premier que je vois chez les indigènes. On donne également le kouskoussou de l'hospitalité dans d'immenses gamelles aux

Kabyles, qui sont venus avec nous. Je remarque, comme paraissant commander aux autres, un homme de cinquante ans, aux moustaches relevées en chat. Sa figure ouverte me plaît.

Tout le monde se retire. Bon soir tout le monde. — On me laisse seul; je m'étends et m'endors. — Vers le milieu de la nuit je suis réveillé par la chaleur excessive de ma maison, sans courant d'air. La porte est cependant toute grande ouverte : je me lève pour respirer l'air dans la cour. Je trouve sur le seuil un homme étendu en travers sur un tapis ; il a le sommeil léger, car il se dresse sur son séant, quoique je n'ai pas fait de bruit. C'est mon homme aux moustaches. Plusieurs Kabyles sont étendus dans la cour, dormant enveloppés dans leurs burnous.
— Je vais me recoucher,

Mercredi, 4 août 1853.

Je me lève de grand matin. Sidi vient me souhaiter le bonjour avec ses fils. On m'apporte un déjeûner splendide : de petites votes au miel, grandes et grosses comme la main, des œufs, du lait, des figues, des poires, pas trop bonnes, de l'eau toujours à discrétion, du pain Maure, et du café. Le café est ici un immense progrès gastronomique. Je crois même que celui-ci a été apporté de Dra-el-Mizan, exprès pour moi.

Après le repas, nous sortons par une autre extrémité du village, en passant sous une espèce de corps de garde à une cinquantaine de pas de la maison de Sidi. Sidi me conduit dans une maison en construction, qu'il fait bâtir hors du village et du côté opposé à celui par où nous sommes entrés hier. C'est l'autre entrée du village, précédée aussi d'un cimetière. Des Kabyles y font leurs prières.

Le village est situé sur une crête entourée de montagnes peu fertiles où domine le chêne à glands doux.

Nous rentrons... Sidi juge sans doute qu'il est prudent de ne pas trop m'exhiber et me promener dans les rues, cela pourrait peut-être exciter quelques susceptibilités : — un Roumi, non converti, dans un village des Zouaouas ; cela ne s'est jamais vu ; c'est presque un acte de haute anti-nationalité. Il faut même qu'il soit mû par un puissant motif, pour me servir ainsi de guide, pour m'amener ainsi ostensiblement au cœur de ses montagnes, au milieu de son village, au risque de s'aliéner ses amis et d'irriter ses ennemis ; car les montagnards ne plaisantent pas avec leurs préjugés d'indépendance, et je pourrais être pris par eux pour un espion. Ils sont très-entichés et très-fiers de leurs prétendues indépendance et supériorité sur les autres. Quand on leur demande la raison de quelques usages devenus absurdes, probablement par l'abus, ils vous répondent : c'est comme cela chez les Kabyles depuis le commencement du monde. — C'est faire remonter les choses un peu haut.

Je crois cependant Sidi enfin désillusionné sur la prétendue invincibilité des Kabyles. Il était au fameux combat du col du Ténia avec un contingent kabyle, et il a vu comment toutes les forces réunies des indigènes, Arabes et Kabyles, ont été écrasées par une très-petite fraction des nôtres ; il a vu comment les

Français, princes, officiers et soldats, comme on aurait dit autrefois, savent se battre ou plutôt battre. Au courant des événements, il a vu ou su que, nulle part, les Kabyles n'ont pu arrêter nos colonne expéditionnant à travers leurs pays, Enfin la vigoureuse trouée, faite, l'automne dernier, par le général Pélissier, à l'entrée du Djurjura même, a dû le faire sérieusement réfléchir sur ce qu'a d'éphémère, malgré son apparence de force, la confédération des Zouaouas.

Éclairé ainsi par les faits et aussi par les conseils du capitaine Beauprêtre ; plus politique, plus prévoyant et plus maître de lui que les autres, et comprenant que la résistance devient désormais inutile, Sidi va au-devant de l'avenir, dans le double but de préserver ses concitoyens des maux d'une guerre inutile et de gagner la bienveillance du gouvernement français, ainsi que tous les avantages honorifiques et autres, qui y sont attachés. Pour lui, je suis sans doute un moyen. Recevoir un Roumi, c'est donner un espèce de gage ; car certes, ce n'est pas pour mes beaux yeux qu'il agit comme il le fait envers moi ; les indigènes, en général, ne faisant rien par pure bienveillance, mais avec une arrière-pensée d'intérêt personnel.

On entre chez Sidi par une porte à deux battants, et après avoir monté un degré dans une longue et étroite cour ; à gauche, tout d'abord, est un petit marabout, de construction assez originale, contenant un tombeau où dorment les restes mortels de l'aïeul de Sidi, le premier marabout de la famille : Salut, Mahommed Djoudi, grand marabout.

Je crois vous avoir déjà dit ce que c'est qu'un marabout ou du moins ce que j'en sais ; ce que j'ai pu en apprendre. A tout hasard et au risque de me répéter, voici la chose : elle est un peu vague ; mais ce n'est pas de ma faute ; personne, ni Arabe, ni Maure, ni Kabyle, n'ayant pu m'en donner une définition bien nette, bien précise. Je ne l'en crois pas d'ailleurs susceptible. C'est une chose qui, bien que toujours bonne, est cependant très-variée dans ses qualités, dans ses espèces; et ne se représente jamais deux fois sous la même forme et de la même manière. C'est, par exemple, mais sans comparaison, comme du bon vin. Du bon vin, c'est toujours bon, et cependant il y en a d'une foule de crus différents et de qualités différentes, quoique tous bons. Vous comprenez ; alors j'entre en matière.

Il y a des marabouts d'espèces et d'origine différentes. Il y en a de morts, et ce sont généralement les meilleurs, comme nos saints. Il y en a de vivants.

Il y a des villages entiers de marabouts. Tout le monde en est, hommes, femmes et, conséquemment, enfants, et cela depuis la création, je ne dirai pas du monde, mais de la chose, dans la nuit des temps kabyles, comme celui du pauvre Méhemmed, ce mari infortuné, dont je vous ai raconté ci-dessus la triste fin. Ces marabouts sont en général illettrés et aussi ignorants, mais plus fanatiques que les autres Kabyles. Ils ont, du reste, la même manière de vivre; ils cultivent et font le petit commerce; ils ont la caractère remuant; ce sont eux qui, en général, sont les premiers à prendre les armes et à combattre contre l'étranger. Leurs villages sont en général des foyers qui entretiennent l'esprit de religion ou plutôt de fanatisme, de nationalité et d'indépendance. Ils donnent le ton aux autres. Tels sont les Beni Lebbalils, les Ouled Sid Mouffok, chez ou près des Beni-Mellikeuch, les Cherfas et beaucoup de villages des Beni Raten. D'où viennent-ils et qu'elle est leur origine, c'est ce que je n'ai encore pu savoir, et qui le sait; le savent-ils eux-mêmes ? Quand on leur demande, ils vous répondent : *becri*, *becri*, longtemps, longtemps, Sont-ils les descendants de quelques tribus, quelques castes privilégiées ?

Les autres marabouts vivants sont fixés isolément avec leur famille dans les villages. Ils se marient ordinairement avec des filles de marabouts ; mais prennent aussi femmes, comme Sidi-Djoudi, dans le village. La plupart sont d'origine étrangère, *nul n'est saint dans son pays*. Ils viennent surtout du Maroc. Il y a, dit-on, dans ce pays de grande foi, de religion, des Zaouia, en grande réputation, qui fabriquent beaucoup de marabouts pour l'exportation, comme Jérusalem des rabbins voyageurs, et je crois quêteurs, comme la Mecque et Médine, ses schérifs propagateurs et entreteneurs de foi musulmane, et aussi quêteurs.

Le Maroc a aussi la spécialité des saltimbanques, des jongleurs et autres vagabonds industriels ou d'industrie, que nous voyons sur nos places.

A l'aide de pratiques semi-religieuses, semi-superstitieuses, un peu sorciers, un peu muftis, de Coran un peu fourbis, mais surtout très-fins, très-rusés, très-déliés et roués d'habitudes, de caractère et d'esprit, ayant beaucoup roulé de pays, ils ont, dès le principe, et tout d'abord, l'aveugle et épaisse ignorance des Kabyles insidieusement surpris. Puis, petit à petit, ils ont au milieu d'eux, par insinuation, leur influence agrandie. Ils sont devenus indispensables, comme hommes de religion, maîtres d'école, cadis, oracles des femmes et même des hommes, tabellions ; trouveurs d'objets volés ou perdus (au moyen de compères) ; sachant profiter habilement du caractère de neutralité, que leur donnait leur qualité d'étrangers, dans les querelles de famille, de village, de tribu ; ils sont devenus les conciliateurs et les pacificateurs de tous après l'orage. Je ne parle que des bons. Aujourd'hui il n'est pas de village qui n'ait au moins son marabout. Il appelle ou rappelle les fidèles à la prière, à la djemma : il est maître d'école ; il écrit et lit les lettres, les conventions. J'allais dire il sonne la cloche, chante la messe, etc..... ; il se mêle de mariages ; aussi est-il en grande considération auprès des femmes. Pour tous ces offices, il n'a point de traitement fixe, pas de tarif ; il reçoit les offrandes de chacun ; il y en a même qui, pour le pays, se font d'assez bons revenus. Selon leur plus ou moins grande réputation, on vient quelquefois d'assez loin leur demander des consultations ou des prières. Une femme maraboute, nommée Fathma, est maintenant en grande vogue. Elle demeure à quelques lieues d'ici ; on la dit encore jeune et très-belle. Je compte bien aller lui faire une petite visite, quoique sa tribu ait toujours été et soit encore maintenant en hostilité. Pour le moment, je ne suis pas paré, comme disent les marins, et puis je n'ai pas le temps, et puis je ne veux pas exciter la jalousie de Sidi Djoudi. De marabout à marabout.... de la prudence.

Les marabouts de cette espèce sont en général, par la nature de leurs occupations, par leur éducation, de mœurs, d'habitudes et d'humeur assez pacifiques. Aussi y aurait-il prudence à chercher à se les attirer. Cela n'est pas impossible, malgré leur teinte religieuse. On pourrait, en ménageant leur vanité et en les prenant par l'intérêt, les intéresser à notre domination. On pourrait, ce qui a déjà lieu, du reste, en plusieurs endroits, et ce que fait, pour son compte, le capitaine Beauprêtre, qui en a toujours un pour secrétaire, on pourrait leur donner des emplois de maître d'école, de mufti, de secrétaire, avec traitements fixes du gouvernement, qui les rende indépendants des Kabyles. Quelques-uns y perdraient, ceux qui nous sont les plus hostiles ; mais la masse y gagnerait. Ils perdraient, à notre profit, de leur prestige aux yeux des Kabyles ; en revanche, ils ne dépendraient plus de leurs aumônes. Vivant par nous, et, tout à la fois, protégés et surveillés par nous, ils seraient bientôt absorbés par notre influence et pourraient nous devenir de petits intermédiaires, de petits auxiliaires. On en ferait des secrétaires, des cadis, des interprètes, des maîtres de langue et d'écriture arabes et kabyles dans nos propres écoles et, à propos de cela y a-t-il maintenant des maîtres de ces langues aux écoles polytechniques, Saint-Cyr et de Saumur ? J'aimerais à y voir des professeurs indigènes ; des commis greffiers de justice de paix et de tribunaux. J'ai entendu parler d'un grand moyen, héroïque, ce serait tout simplement de les extraire en masse de la Kabylie et autres lieux, et de s'en débarrasser en les envoyant je ne sais où. Ce moyen à notre époque, sent un peu trop le fagot, le brûlé et la barbarie. Autres temps, autres mœurs ; cependant, on pourrait employer un moyen analogue, mais modifié, pour les intrigants et les meneurs incorrigibles, marabouts, ou autres ; jusqu'à présent on les a envoyés à l'île Sainte-Marguerite ; ils y sont très-bien traités sous tous les rapports ; ils en conviennent ; mais ce traitement est inefficace et sans heureux résultats pour l'avenir. Dans ces lieux de déportation, comme dans tous les autres du même genre, ils vivent ensemble et s'entretiennent sans cesse de leur patrie, de leurs idées, de leurs familles, en un mot, de tout ce qui tourmente la cervelle et le cœur d'un proscrit, et cela d'autant plus vivement qu'ils sont tous des hommes exaltés, énergiques ou ambitieux : rien ne les distrait de leurs préoccupations, de leurs regrets ; ils sont tout à eux-mêmes, toujours en face d'eux-mêmes. Peuvent-ils donc se corriger, se modifier ; ils ne voient presque rien de notre puissance, de notre civilisation.

N'obtiendrait-on pas de bien meilleurs résultats si, au lieu de les grouper ainsi dans une île ou entre quatre murs, on les éparpillait et on les internait isolément : les Kabyles, dans nos départements montagneux, où il y a des industries, ou en Provence ; les Arabes, dans nos pays de plaine, en Champagne, ou ailleurs, chez quelques bons cultivateurs. Là ils verraient des travaux agricoles de tous genres, qui les distrairaient de leur captivité et les intéresseraient même d'autant plus, qu'ils sont tous, plus ou moins, agriculteurs, cultivateurs. Il faudrait, de plus, leur adjoindre un ou deux de leurs enfants qui, au bout de quelques mois, frayant avec les autres enfants, apprendraient le français et leur serviraient ainsi d'interprètes et calmeraient en même temps, adouciraient un peu l'amertume de leurs regrets, et il n'en coûterait pas plus cher ; au contraire. Petits moyens, que voulez-vous ; je ne fais que glaner. D'ailleurs, pour les grands moyens, pour les grandes choses, les fortes têtes, les bonnes têtes, ne sont-elles pas là ?

Voilà pour les marabouts vivants. Quant aux défunts, ce sont des hommes qui, après avoir vécu dans l'exercice de toutes sortes de vertus, sont morts en odeur de sainteté. Beaucoup avaient une spécialité. Les uns ont fondé des zaouias; d'autres, des petits établissements de charité ; ceux-ci, des sociétés religieuses, des espèces de congrégations ; celui-là plantait sa canne, grande canne à grosse pomme, une vraie canne de tambour-major, en terre, expression générique : rocher, pierre, caillou ou terre, et faisait jaillir à sa place une source d'eau claire et limpide ; miracle renouvelé de Moïse et continué par l'abbé Paramelle, avec perfectionnement de la part de celui-ci, qui opère avec une simple petite baguette ; d'autres protégeaient et cajolaient les femmes ; pas bêtes ceux-là ; guérissant leurs affections ou afflictions morales ou physiques, les enfants. Tels sont les trouveurs de sources : Sidi Amjed, Sidi Abd er-Rahman, Sidi Moussa, Sidi Abd el-Kader, pas le héros contemporain, dont l'image brille toujours d'un vif éclat dans l'imagination des indigènes, mais son homonyme, un des plus grands d'entre tous et surtout marabout voyageur ; tous plus ou plus ou moins trouveurs de sources.

Ce dernier avait à un haut degré la passion des voyages, passion, du reste, qu'il faisait tourner à la propagation de sa foi. Ainsi, dans toutes les contrées du monde musulman qu'il a parcourues durant sa vie, soit dans l'Inde, le pays des diamants, des cachemires, des trésors, des choses mystérieuses et des merveilles, soit aux régions des Nègres, vivant encore aujourd'hui comme au sortir de la création, soit chez les Persans, aux riches palais, aux mœurs somptueuses, ou partout ailleurs, il a laissé des traces utiles et durables de son passage, en élevant ici une zaouïra, là une couba, petit monument de piété, où les femmes vont prier et se remonter le moral, l'esprit et le cœur, dans leurs moments d'affliction, ou bien encore en faisant jaillir une source d'un lieu aride. On rapporte, ce qui explique comment il a pu parcourir tant de pays à une époque où il n'y avait ni chemin de fer, ni bateaux à vapeur, ni aérostats, ni messageries, ni omnibus, ni même les pataches, les coches et les coucous dont se servaient nos pères, on rapporte, dis-je, qu'il n'était arrêté par rien, allant aussi facilement et aussi rapidement sur la surface des ondes des mers, des lacs et des fleuves, sur les pics les plus ardus des montagnes, que sur les tapis d'un palais des mille et une nuits et, qu'à cheval sur la première bête venue, excepté un chien, animal réputé immonde, ou un chat, animal risible, il lui imprimait une telle vitesse, qu'aller comme un éclair, était pour lui le pas ordinaire. Cela était fort heureux, car il faisait du bien partout. Il avait cependant, je devrais peut-être le dire, conséquemment, des ennemis acharnés qui lui jouaient ou tentaient de lui jouer de très-mauvais tours; un jour même il faillit être leur victime. Voici comme : il était parti d'Alger, de bon matin, ayant un assez bon bout de chemin à faire, car il voulait arriver à Bagdad, sa patrie, au magreb, ou plutôt au petit lever de la lune, pour le kous-koussou de famille. On était au temps du ramadan. Vers le milieu du jour, il aperçut un oasis bien vert, bien couvert d'un ombrage frais, riant et engageant, au milieu du désert aride et brûlant. Un soleil écrasant dardait ses feux ardents ; les oiseaux ne bougeaient, sinon quelques pauvres, qui lourdement, péniblement et par la soif, le bec ouvert, volaient ; pas le moindre brin d'herbe, pas la plus petite feuille ne remuaient ; l'air lui-même, accablé, vaincu par la chaleur, dormait. Le saint homme remercia le ciel d'une si bonne aventure. Il avait bien envie de mordre aux oranges dorées, aux dattes sucrées et de boire une bonne gorgée à la source argentée, mais comme on était en ramadan, en bon musulman, il s'abstint. Il fit bien ; les oranges étant amères, les dattes brehaignes, l'eau saumâtre, et le tout n'étant qu'un leurre perfide et trompeur de ses ennemis. Il fit sa prière, planta son bâton en terre, recommanda son âme à Dieu et s'endormit paisiblement, quoique environné d'embûches, car il venait de tomber au milieu du refuge de son ennemi le plus noir de méchanceté, et le plus acharné, un faux marabout, gonflé de mensonge, fausseté, etc.

Encore jeune, Tolba a une zaouya célèbre, il était, bien qu'ignorant, au fond, bien que dévoré par l'égoïsme le plus vicieux, le plus bas, le plus sordide et le plus absolu, il était devenu le favori de ses maîtres ; il priait avec ostentation, choisissant pour cela les lieux les plus apparents ; il savait s'approprier la superficie de toutes les sciences et, comme il possédait une assurance imperturbable, on le croyait très-fort ; il étonnait ; son principal talent, cependant était dans son jeu de physionomie, son habile hypocrisie et la manière adroite, profonde et au besoin audacieusement hardie de flatter ceux qui devaient lui être utiles. Il avait un sourire à l'état de permanence sur les lèvres, sourire qu'il savait graduer, toutefois, et nuancer selon les besoins des actualités, des opportunités. Cependant, quiconque l'eût bien observé, aurait remarqué que ce sourire ne s'harmonisait pas avec son regard : que quand son sourire était affable, bienveillant, chaud, fraternel, flatteur, amical, son regard était froid, égoïstement cynique et moqueur. Car jugeant les autres à son aulne (son mètre), il n'aimait personne, se moquait de tout et de tous, et trompait tout le monde. — Mais vous savez ce que c'est que l'engouement ; et puis un homme qui sait flatter tout le monde ? — Or, il arriva que pendant que notre hypocrite brillait ainsi d'un faux éclat, apparut un beau jour Sidi Abd el-Kader, rayonnant de tout l'éclat de la vraie vertu, du vrai savoir, et l'hypocrite pâlit et disparut. La fausseté s'évanouit devant la vérité.

Bien des années plus tard, à force de chercher, il finit par trouver, au loin, une ville sans marabout. Les gens y étaient ignorants et crédules. C'était là son affaire : aussi il s'y arrêta avec deux acolites. L'un, qui l'avait élevé : vieux singe, plein de malice, de ruses, de rouweries et de mensonges, faux marabout, passé maître en tours de passe-passe, au moral et au physique, et son âme damnée, égarant et trompant l'enfance ; l'autre, jeune vaurien, qui dans son enfance mordait sa mère et lui mangeait son pain, rebu de Zaouya, qu'il avait façonné à ses vices et à ses manières. Il commença à attirer l'attention par sa piété extérieure et hypocrite, ses airs réservés et importants. Il faisait la prière à la Mosquée, en iman exercé, ayant étudié et pratiqué à bonne école. Peu à peu, insensiblement, il finit par s'imposer à tous. On le consultait, en secret, pour les affaires de justice, de religion, les secrets de famille ; une fois son monde connu, à l'aide de menées ténébreuses, d'intrigues diaboliquement embrouillées, il faisait allumer la discorde tantôt entre ceux-ci, tantôt entre ceux-là, et puis ses dignes acolytes disaient : allez voir le marabout. Puis l'hypocrite d'un air digne, paternel et mystérieux, arrangeait le tout ; puis c'était des salamalecs, des Sidi marabout par ci, des Sidi marabout par là, et les présents arrivaient de toutes mains. Il présidait à toutes les circoncisions, c'était le vieux qui opérait ; lui se gobergeait.

Cependant il n'aimait pas les femmes, et les femmes ne pouvaient pas le souffrir ; avec leur tact fin et délicat, elles l'avaient deviné ; d'ailleurs, disaient-elles, il n'adressait jamais une bonne parole aux enfants et un bon regard aux femmes.

Les choses allaient grandement leur train à son gré, lorsqu'un jour, où toute la ville était en émoi, sourdement troublée et divisée par ses intrigues, sortant, comme par hasard, il se trouva face à face avec Sidi Abd el-Kader, en voyage en ces parages ; il devint livide, et faillit suffoquer de rage ; encore une fois le diamant de pure vérité brillait, l'éblouissait et tous les autres, éclairait. L'imposteur s'enfuit ; il était temps, car son imposture venait d'être découverte. Après avoir bien erré, il se réfugia dans l'oasis où dort notre saint, vivant du produit, du fruit de ses tromperies. Tantôt il fait voler par ses deux compagnons un haïck, qu'une pauvre femme, après l'avoir lavé, fait sécher au soleil ; tantôt c'est un enfant qu'il fait égarer ; puis on vient le consulter, et il fait retrouver le haïck volé et l'enfant égaré, et la femme au haïck et la mère de l'enfant, de payer et ses louanges chanter.

C'est là qu'il était accroupi, en compagnie de ses deux vauriens, de compagnons-serviteurs, machinant, sans nul doute, quelques diableries, lorsqu'il vit venir de loin Sidi Abd el-Kader. Ils le reconnurent aussitôt, et tous trois à rire diaboliquement, méchamment et traîtreusement, car la même pensée leur était venue, une pensée de vengeance. Leur ennemi se livrait de lui-même. C'était le diable qui le leur envoyait. Ils se cachèrent aussitôt.

Dès que le saint fut endormi, le vieux lui déroba ses *sebat*, souliers, belles sandales de Filali, présent d'un cordonnier du Maroc, en grande réputation; puis tous trois, prenant une brassée d'herbes et de branches sèches, mirent le feu aux quatre coins de l'oasis. Chacun d'eux ensuite grimpa au haut d'un arbre, riant méchamment d'avance à l'idée de voir le saint marabout se tordre dans les flammes, comme un tronçon de plume dans un brasier ardent. Leur mauvais dessein réussit à souhait, car un sirocco brûlant s'étant subitement et violemment élevé, l'oasis ne fut plus qu'une affreuse fournaise flamboyante et dévorante en un instant; et les flammes volent autour de mes trois malins, et les étincelles leur picotent le nez. On ne prévoit pas tout. Ils eurent peur et songèrent à la retraite. Mais voici bien une autre embarras. Pendant qu'ils se livraient à leurs méchants et noirs desseins, un lion, son épouse et leurs deux grands jeunes gens, avaient aperçu de loin le marabout entrer dans l'oasis, et aussitôt ils étaient accouru pour lui offrir leurs services; malgré leur grande diligence, à leur arrivée l'oasis était déjà en feu. Toutefois, pour ne pas perdre leur peine, ayant entrevu nos trois garnements, perchés dans leur observatoire branchu et feuillé, le papa s'était couché au pied de l'arbre où perchait le gros, et n'avait pas tardé à se laisser aller à une légère sieste; la maman s'était assise près de celui du jeune et les jeunes gens s'étaient mis à jouer sous l'arbre du vieux ; tous, du reste, surveillant la proie qu'un heureux hasard leur envoyait. C'était pour la famille une bonne aubaine, d'autant que depuis plusieurs jours elle n'avait pas mangé.

Or le gros, d'ordinaire prévoyant tout, prudent, circonspect, cette fois troublé, aveuglé par la peur, car il était profondément poltron de sa nature, ne songeant qu'à sauvegarder son turban des flammèches, qui commençaient à pleuvoir de tous les côtés, et son ventre immonde des écorchures des branches, ne regarda pas où il mettait le pied et marcha sur la queue du lion sommeillant. Réveillé en sursaut, et furieux d'un pareil outrage, car c'était la première fois qu'animal quelconque osait ainsi insulter sa grandeur, il bondit sur le mauvais et d'un coup de griffe le creva comme une vessie, et aussitôt les sandales volées de quitter les pieds du damné et de disparaître à travers les airs, dans la direction de Bagdad. Cependant, à peine y goûta-t-il, car le fourbe ne cachait sous son embompoint trompeur que fiel et suif ; manger tout au plus bon pour des chacals ou des vautours. Quant au jeune, inconsidéré et étourdi, comme on l'est au jeune âge, il descendit sans regarder, et fut reçu au bas de son arbre par la lionne, bonne mère, du reste, à pattes et griffes ouvertes : elle nourissait, et son lait devenait rare ; aussi le jeune drôle fut-il croqué incontinent.

Le vieux commença aussi à descendre, mais plus

prudent et clairvoyant que les autres, il regarda en bas assez à temps pour voir les jeunes lions, qui l'attendaient, bondissant en jouant ; il regrimpa au plus vite au haut de son palmier, car il était encore agile comme un singe, ayant autrefois sauté et jonglé dans une troupe de Marocains. Cependant l'incendie gagnait rapidement, ou plutôt volait rapidement de proche en proche. Les feuilles pétillaient, les branches craquaient tout autour de lui. Enfin sa vieille barbe commençait à roussir et à se crisper, sa peau à fumer, lorsqu'une bourrasque de feu et de fumée l'enveloppa, l'étendit et il dégringola en bas, sec comme une momie, sentant une telle odeur de diablerie, de corne et de vieux cuir brûlés, que les jeunes petits lions, qui avaient tout d'abord sauté dessus, pour jouer, comme deux jeunes chats sur une vieille souris, reniflèrent, éternuèrent et s'en allèrent en gromelant et fort mécontens d'avoir ainsi été trompés.

Et Sidi Abd el-Kader, que devenait-il, pendant cela ? Vous vous attendez sans doute à ne plus trouver à la place où il s'est endormi qu'une pincée de cendre, reste de sa dépouille mortelle ? Point. Lorsque l'incendie eut abattu, rasé et dévoré le dernier arbre, le dernier brin d'herbe, on le vit se réveiller et se lever frais et dispos, comme si de rien n'était. C'est que son bâton s'était, aussitôt fiché en terre, transformé en une source jaillissante et abondante, qui, l'entourant pendant son sommeil de ses nombreux replis et circuits, l'avait garanti des atteintes de l'incendie. Il avait bien cru entendre, pendant son sommeil un bruit de fourchettes, fourchettes de lions, les musulmans n'en ont pas d'autres ; il lui avait semblé aussi que le siroco soufflait plus brûlant que d'ordinaire, mais cela était-il un rêve ?

Il se leva donc, fit sa prière et se disposait à repartir, quand il entendit un léger bruit derrière lui. Il se retourna ; c'était le lion, le papa, qui le regardait de son air le plus aimable, le plus bienveillant, le plus amical et fraternel, et même flatteur, en lui tendant son dos respectueusement et en remuant doucement et gentillement la queue. Je ne sais si je vous ai dit que la queue du lion est le thermomètre de son moral, c'est-à-dire de son humeur, plus ou moins dévorante. Ainsi, rencontre-t-il un ennemi, non, pas un ennemi, il n'en a pas ; c'est lui, au contraire, qui est l'ennemi de tout le monde ; rencontre-t-il un animal, tel qu'une panthère, un sanglier, un homme même, alors sa queue se dresse comme la bayonnette d'un tourlourou à la vue de l'étranger fourvoyé et trop hasardé ; se promène-t-il, après un bon repas, dans ses domaines, tranquillement et sans préoccupation aucune, sa queue va de ci, de là, négligemment, à travers les buissons ; est-il en amour, alors elle fait le diable à quatre, exprimant toutes les phases de cette passion du ciel et de l'enfer, fureur, jalousie, amour partagé, non partagé, etc. Le lion, du reste, n'est pas très-féroce en Algérie, parce qu'il trouve à peu près partout à satisfaire son appétit et n'est, par conséquent, jamais affamé. Il n'attaque guère les hommes, à moins qu'ils ne se trouvent sur son passage et qu'ils ne fassent mine de l'inquiéter ou même ne lui manquent de respect. Saïd, un jour, dans une clairière, se trouve nez à nez avec un lion; il coula à bas de son mulet, en saluant respectueusement, mais en mettant sa bête entre lui et le Sidi, préférant que, si l'envie lui poussait de casser une croûte, ce soit plutôt aux dépens de l'animal qu'aux siens. Le lion, grommela sourdement, sans même regarder, retroussa sa moustache et montra un petit peu les dents, mais laissa passer et passa. Saïd, qui a aussi cependant de fameuses dents, de son côté, se fondit dans la broussaille; il passa et laissa passer sans observation et en serrant les lèvres. On prétend qu'il est encore de meilleure composition avec les femmes. C'est qu'aussi lorsque les femmes le rencontrent, lui adressent-elles les paroles les plus douces, les plus flatteuses, les plus suppliantes. « Oh! sidi, toi qui es si fort, si puissant, qui fais trembler les hommes, à qui rien ne résiste, tu es trop généreux pour faire la moindre peine à une pauvre femme qui t'admire, et qui ferait tout pour te plaire, car je ne suis qu'une femme, tiens, regarde plutôt... » Et en effet, pour peu qu'il ait des yeux, le gros animal peut voir que c'est la vérité toute nue, comme celle qui sort d'un puits, et il laisse passer, sans tant seulement, un peu, un petit brin, un petit rien ébrécher, mordiller, grignotter. En voilà une générosité de bête....! Notre marabout d'autant plus heureux de la rencontre, qu'il n'avait plus ni bâton ni souliers, enfourcha l'animal et fouette cocher. Il avait hâte d'arriver. La journée s'avançait et il avait encore cinq ou six cents lieues à faire avant la chute du jour. Il commençait à avoir faim. Il aurait bien mangé quelques allouettes, qui tombaient toutes rôties par l'incendie, mais on était en temps de ramadan, et puis les allouettes n'avaient pas eu préalablement le cou coupé ; les Maures ne mangeant d'aucun animal, qu'il n'ait eu le cou coupé vivant. C'est une habitude qui s'est même insinuée fâcheusement dans leur manière de faire. Ainsi, un individu quelconque pour un motif quelconque, vol, vengeance, etc., en assomme-t-il un autre, vite de lui couper le cou, ce qui est d'autant plus désagréable, regrettable et irréparable, qu'on n'a pas toujours sous la main un docteur prêt à vous raccommoder la chose, comme je te l'ai vu faire, mon cher Auguste, deux ou trois fois à Sedan.

Qu'est-ce qu'on leur a fait, demandais-je un jour à un jeune Kabyle, qui me racontait que des hommes de sa tribu avaient pris, attrapé, empoigné des hommes d'une autre tribu, voleurs et assassins : crrrric, me répondit-il, en passant le revers de la main sur le cou, et cela avec un geste et un son de gosier, d'une imitation si saisissante, qu'il me fit venir la chair de poule.

Sidi, sa bête enfourchée, partit au grand galop,

c'est-à-dire, allant cent fois plus vite qu'un éclair, et si vite qu'on ne le voyait pas passer.

Arrivé sans encombre à sa porte, et comme il hésitait à mettre pied à terre, n'ayant plus ni bâton, ni souliers, tout-à-coup, deux souliers, fendant l'air comme des hirondelles, s'abattirent très-respectueusement sous ses pieds. C'étaient ses souliers volés. Alors la multitude cria au miracle et acclama et proclama le Sidi, grand marabout : car ce prodige est une des manifestations du ciel, qui révèle ostensiblement le marabout, le vrai marabout ; quant à la canne elle avait été, comme je vous l'ai dit, transformée en source ; elle coule toujours ; pas la canne, qui coule toujours, mais la source.

Mais laissons le nouvel élu recevoir les félicitations des uns et les salamaleks respectueux des autres, et, ce qui est d'un plus grand intérêt, c'est le mot, des présents de tous en attendant le lever de la lune, pour manger le kouskoussou et embrasser sa femme, c'est-à-dire ses femmes, ce qui n'était pas déjà une si petite affaire, puisqu'à l'imitation de Sidi Mahommed, il en avait quatre, le saint homme, non compris les esclaves noires ; toutes choses prohibées, en temps de ramadan, entre le lever du jour et celui de la lune. Ainsi, dès qu'on commence à distinguer un fil noir d'un fil blanc, jusqu'au lever de la lune, les bons musulmans, et ils sont tous bons en cela, les bons musulmans, dis-je, ne peuvent ou ne doivent ni boire, ni mangér, ni fumer, ni priser; quant aux amoureux, bernique; permis, seulement, de se contempler, *chauffe barka*. Pas d'interprétation équivoque, incorrecte et mal sonnante, chauffe voulant dire : regarde, et barka : seulement. Mais, le soir venu, une fois la lune levée, et ce jusqu'à ce qu'on puisse distinguer un fil blanc d'un fil noir, ils sont libres de se livrer à toutes sortes de consommations, alimentaires, voluptueuses et autres, aux joies conjugales, au déchaînement des passions. etc., etc., etc. Drôle de carême, qui ne prive de rien, ne retranche rien, mais qui force seulement la nature à faire en quelques heures, ce qu'elle doit faire en vingt-quatre, au grand détriment de la santé des fidèles. Je n'ai jamais pu deviner l'utilité, sous aucun point de vue, de ce carême. et personne n'a pu me l'expliquer.

Voilà le marabout, le bon, le vrai marabout. Il a, comme vous voyez, à la grande différence de nos saints, honneur et profit de son vivant. Toujours la grande différence entre le christianisme et l'islamisme. Pour l'un, avant et après la mort, principe de spiritualisme; pour l'autre, avant et après la mort, principe de matérialisme. Il résulte de cette différence entre les deux manières de pratiquer la vertu, que les marabouts ont des imitateurs parmi les fainéants, les escrocs et les filous, cherchant à bien vivre aux dépens de la crédulité superstitieuse des fidèles. Je vais vous en donner un spécimen de vulgaire et basse espèce.

Lorsque j'étais encore juge à Bône, un jour, devant présider le tribunal correctionnel, en ma qualité de doyen, après deux années seulement de fonctions, il est vrai ; il paraît que je suis destiné à être doyen ; entrant en séance, je trouvai l'auditoire rempli d'Arabes de tous âges et sexes, et, au banc des inculpés, un petit arabe à figure de singe et de fouine, aux yeux vifs et pénétrants, en un mot à figure de filou : c'était un faux marabout. Le bureau était couvert de ceintures et de coiffures de femmes, de haïcks et de monnaie d'argent ; toutes choses prélevées par le Sidi filou, sur l'ignorance de tout ce public.

Doué d'une certaine facilité insinuante de parole, d'une sorte de fascination de regard et d'une grande prestidigitation manuelle, il apparaissait, venant d'on ne savait trop où, dans un douar. Il chantait, en s'accompagnant du tambour de basque, des versets du Coran ; faisait la prière, tout confi d'hypocrisie, puis annonçait qu'il était grand marabout et prouvait la chose, à l'aide de quelques tours de passe-passe ; comme, par exemple, de se faire tirer à bout portant, en pleine poitrine, un coup de fusil, chargé ostensiblement à balle, balle qui tombait à ses pieds. Il s'insinuait dans la confiance des femmes, en leur promettant mystérieusement des charmes pour bien des choses, et dans celle des hommes, en leur faisant avaler de petits papiers écrits, c'est-à-dire la cendre de petits papiers écrits, puis brûlés, ce qui les rajeunissait sur le moment, à l'endroit des épouses, diaboliquement et furieusement. Puis, enfin, quand il s'était ainsi bien faufilé dans la confiance des plus crédules, il avisait quelque pauvre diable et lui disait, en grande confidence, qu'un génie juif, avec lequel il était en rapport, lui avait fait don de multiplier, moyennant certaines pratiques de lui connues, un douro en vingt-cinq douros. Il se faisait remettre du pauvre diable alléché un douro, le mettait dans un vase, terre par dessus, et enfouissait le vase ; le tout au grand jour et en présence de tous les habitants du douar, à cela convoqués. Il récitait quelque peu de grimoire, puis recommandait à l'homme du douro, homme qui était souvent une femme, de ne pas bouger pendant vingt-quatre heures de l'endroit, lui prescrivant de plus certaines prières, le jeûne le plus absolu, etc. ; quant à lui, il annonçait qu'il allait se retirer dans le plus prochain marabout pour y prier, pendant vingt-quatre heures, afin de faire réussir le charme, puis qu'il reviendrait terminer la chose. Jugez de l'impatience de tous pendant ces vingt-quatre heures ; bon nombre était déjà jaloux du pauvre diable. Quelques jeunes gens doutaient ; les vieux croyaient, ou ne se prononçaient ; les femmes ne plaisantaient pas.

Enfin le grand moment, le moment palpitant, comme on dit, venu, le marabout, selon qu'il l'avait promis, apparaissait. Il psalmodiait encore quelque peu de grimoire, puis procédait à l'exhumation du vase aux yeux de tous ; aux yeux, c'est le mot, car pendant quelques minutes, il n'y avait plus, dans la foule, de vie que pour les yeux. Le vase était donc déterré, la terre vidée, puis au lieu d'un douro, c'était..... vingt-cinq douros, qu'il en faisait, un à un tomber................, ô miracle! Alors les femmes taquinaient, aiguillonnaient les maris, de ce qu'ils avaient été..... prudents ; les vieux haussaient les épaules, en regardant les jeunes, et les traitaient de blancs-becs. Les femmes apportaient leurs ceintures, leurs coiffures et même leurs bijoux. C'était à qui bourrait le drôle de kouskoussou *mleah, mleah*, bon, bon ; c'était toute la journée et toute la nuit un remue-ménage individuel et général. Dès le lendemain matin, c'était à qui apporterait au bon apôtre des douros, pour les faire multiplier : qui un, qui cinq, qui dix, etc., et mon fripon de les planter de ci, de là, de la même façon qu'il avait fait la veille. Quand il avait tout fini, il disait : attendez-moi, je reviendrai demain. Mais cette fois, le lendemain venu, le fourbe ne revenait pas, ni le surlendemain, ni les jours suivants. Cependant chacun de se morfondre à l'endroit de son trésor, au soleil, à la pluie, au grand vent, priant et jeûnant rigoureusement. Dieu ou plutôt le diable seul, sait ce que cela aurait duré, car chaque dupe ne voulait bouger, de crainte de faire manquer le charme, si M. Abd er-Rahman, jeune sous-lieutenant indigène de spahis, vivant au milieu de nous, ne fût passé par là. Il fit venir un bon marabout, et, non sans peine, fit déterrer un vase; oh! stupéfaction, on n'y trouva que de la terre; ainsi d'un second, ainsi d'un autre, etc. Quelques-uns ne voulurent pas consentir à ce qu'on touchât à leur chose, avant le retour du marabout; ils l'attendent peut-être encore. Le sous-lieutenant dépêcha deux de ses spahis, bon lurons, tant soit peu buveurs d'absinthe, aux trousses du filou, qui fut bientôt pincé. On s'était cependant tellement endiablé du coquin dans le douar, qu'une émeute faillit éclater.

La nuit venue le finaud fit dire à l'officier qu'il désirait lui parler en secret. L'officier le fit venir près de lui. Alors le tentateur lui offrit, entre quatre yeux, une assez jolie somme pour le laisser déguerpir. Le brave officier, pour toute réponse le fit garroter un peu plus serré et le tint près de lui, afin de n'exposer plus personne à la tentation ; c'est si tentant des douros !

L'officier, par prudence et pour éviter tout désordre, leva sa tente pendant que le douar dormait, et emmena le fripon à Bône, où il fut duement et légalement écroué sous mandat, en bonne forme.

A l'audience, c'est tout au plus si les témoins osaient le regarder ; en entrant, il leur avait dit qu'au moment fatal, il disparaîtrait aux yeux de tous.

Parmi les témoins il y en avait un vieux qui se récriait et criait au scandale, de ce qu'un marabout était ainsi traité; cependant il couvait des yeux son argent escroqué. Une belle grand femme à la physionomie intelligente et hardie, aux manières faciles et même dégagées avait été dupée comme les autres. Je lui demandai comment avec des yeux si bien ouverts, des oreilles si fines et une langue si bien pendue, elle avait pu se laisser tromper par un aussi piètre Sidi. Je ne suis qu'une femme, me répondit-elle, avec un geste des plus expressifs, et les hommes se sont laissé tromper. En même temps elle me montrait un grand et bel Arabe, à figure énergique, aussi dupé.

J'interrogeai l'inculpé ; il commença, tout d'abord, à jouer son rôle d'hypocrite et à parler de son djin juif. Je coupai court et lui dis que je le croyais plus habile. Alors, il me regarda d'un air moitié singe moitié renard et me dit : j'ai trouvé à duper : j'ai dupé. Dieu l'a voulu. Il aurait dit plus vrai en disant le diable.

Il fut condamné au maximum, pour la première fois.

Cependant l'auditoire n'était pas encore rassuré : n'avait-il pas dit, en entrant, qu'il disparaîtrait au moment où on voudrait le ramener en prison. Les bons gendarmes lui mirent bonnement les menottes, puis l'emmenèrent comme un mouton, ou plutôt comme un renard pris au piége. Cette fois son prestige commença à pâlir. En passant devant la femme, celle-ci lui dit : voleur de femmes, fils de voleur, et ton djin juif. L'effronté lui rit effrontément au nez : les filous sont les mêmes partout.

Il y a aussi les faux marabouts politiques. Je vous en parlerai une autre fois.

Des monuments de toutes sortes, de toutes natures, ont conservé et consacré la mémoire de beaucoup de vrais et bons marabouts et laissé des traces matérielles de leur passage en ce monde. Ici c'est un arbre antique, aux branches séculaires duquel sont suspendus, en *ex voto*, des lambeaux d'étoffe. Il est sacré ; personne n'y touche, si ce n'est pour le baiser respectueusement, pieusement. Ses débris, ses fruits tombés et desséchés sont sacrés comme lui. J'en ai vu un, ou plutôt le corps mort, la momie d'un ; c'était un énorme tronc, renversé par quelque ouragan depuis longtemps. Il était sans écorce et parfaitement sec ; bois mort, bon tout au plus à faire des bûches. On ne s'en approchait qu'avec vénération. Là c'est un petit monument rond ou carré en maçonnerie, avec un dôme arrondi. Il est toujours avec soin blanchi à l'eau de chaux ; il recouvre ordinairement, il renferme ordinairement un tombeau, celui du saint homme. Près du tombeau, une femme est couchée, son enfant dans les bras ou s'accrochant aux barres du tombeau en bois, tandis qu'un marabout, vivant et desservant, récite ses patenôtres à l'intention de la femme ou de l'enfant. Si c'est la femme, la mère qui est affectée, elle se fourre la tête entre les barreaux, le nez sur le parfum qu'elle brûle en offrande, en l'honneur du saint homme, la mirhe et l'encens ; et on dit que les musulmans ne sont pas superstitieux ! Tous les hommes sont superstitieux et les femmes donc ! Ailleurs, c'est tout simplement un tas de pierres ou une espèce de petite enceinte de pierres, de grosses pierres sur lequel ou au milieu de laquelle sont déposés, en offrande, en *ex voto*, de petits vases en terre cuite, grossiers, fabriqués des mains de celles qui les ont offerts, contenant du parfum commun, ou bien, des petits cierges de cire blanche ou de couleur, un soc de charrue, etc., offrandes, *ex voto*. Ces marabouts sont souvent entourés de sépultures. Beaucoup de fidèles tenant à grand honneur et profit de piété pour l'autre monde, à tenir ainsi compagnie au marabout après leur mort. Ainsi ils viennent, c'est-à-dire, qu'on les porte quelquefois de fort loin pour les y enterrer ; ils voyagent posés en long, entresoutenus, attachés entre deux mulets, sans s'inquiéter du temps et des chemins : c'est leur dernier pèlerinage.

Ces marabouts sont ordinairement situés dans des solitudes, ce qui leur donne quelque chose de mystérieux. Ils sont quelquefois entourés d'un petit bois sacré, comme celui de Sidi Aoroon, en Kabylie, près de Djurjura.

Ces lieux sont le but de pèlerinages plus ou moins fréquentés, selon le plus ou moins de réputation de sainteté et de spécialité des personnages y contenus, y reposant.

Les pèlerinages aux marabouts sont pour les

femmes, tout ensemble, comme beaucoup d'autres choses, un acte de religion, de piété et l'occasion d'une fête, d'une réjouissance de famille. Tout le monde en est, grands enfants, petits enfants, jeunes gens, jeunes hommes, jeunes filles, voire même mulets et ânes, chevaux ; en un mot bêtes et gens, je veux dire, gens et bêtes. On ne laisse derrière que quelques vieux pour garder le gourbi ou la tente et les troupeaux. Protégée par l'influence religieuse, sacrée et presque inviolable des lieux, la joie de la famille s'épanouit franchement, gaiement, sans soucis, sans crainte, dans la paix, comme celle des enfants. Les préoccupations de colère, de haine, de vengeance ou d'appréhension contre les résultats de ces passions s'endorment ou au moins sommeillent momentanément. Le calme et la physionomie pacifique de ces fêtes contrastent d'une manière heureuse avec les autres scènes de la vie indigène ; scènes toujours plus ou moins empreintes de tristesse, de tons bilieux et sombres, de traits violents, énergiques, emportés. Le soir, et quand au dehors tout est tranquille, tout est calme, de la tranquillité du calme de la nuit, on voit briller à travers l'obscurité des feux gais et riants qui aiguisent et réjouissent l'appétit des enfants. On entend les cris joyeux d'appel de l'un ; de l'autre, la douce, claire et limpide voix des femmes, modulant, sur un ton élevé, des stances, et le murmure de la flûte de roseau qui les répète, soutenue par les sons cadencés et réguliers de l'abendaïre, espèce de tambour de basque, de la forme d'un tamis. Puis, insensiblement, l'un après l'autre, tout cela s'éteint, tout cela se tait, tout cela s'endort, et on n'entend plus, dans le silence et l'obscurité de la nuit, que les petits hennissements des jeunes bêtes amoureuses et le bruit monotone, mais significatif des mâchoires qui mâchent, des bêtes jeunes et vieilles.

J'ai quelquefois rencontré dans la montagne de ces familles allant en pèlerinage. Comme les chemins ne sont presque toujours que d'étroits et difficiles sentiers, chacun va à la file l'un de l'autre. D'abord marche en tête un homme à pied, armé d'un long fusil, ou seulement d'un long pistolet et d'un yatagan ; puis, après lui, vient un cavalier, aussi armé ; puis, quelques jeunes gens armés ou non, puis, une mule, à l'allure précautionneuse ; l'œil ouvert, l'oreille dressée et aux aguets ; son dos est garni d'un énorme bât, couvert lui-même de tapis disposés en nid, en trône ; au milieu, trône une jeune mère, enveloppée de haïks, avec un ou deux de ses poussins, sortant leur petite tête rasée, aux grands yeux étonnés, éveillés, curieux et joyeux. C'est ordinairement la femme du chef présomptif de la famille, le sidi de la bande. Viennent ensuite un vieux, à la barbe pointue, au nez crochu, aux longs sourcils en projecture, en rebord de toit, monté sur un mulet ou sur un âne, tenant devant lui dans ses bras un enfant, et derrière lui en croupe une jeune femme ou une jeune fille; puis le menu, femmes et enfants, à âne et à mulet; puis un beau vieillard, le patriarche de la famille, encore vert, à la tête calme et grave, mais énergique, à cheval; enfin, l'arrière-garde, jeunes gens et hommes plus ou moins armés. Il y a dans cette marche, dans cet ensemble quelque chose tout à la fois et de pacifique et de guerrier, d'un coup-d'œil très-pittoresque, et je suis étonné qu'un peintre, Horace Vernet, notre peintre de l'imaginative vérité des mœurs indigènes, n'ait pas fait de ce petit sujet un grand chef-d'œuvre de plus.

Les femmes aiment d'autant plus ces pèlerinages, qu'elles en sont, comme partout, du reste, ma chère Léonie, le plus bel et le meilleur ornement... qu'elles y jouent le principal rôle, et que les marabouts sont les seuls lieux où elles soient admises à prier.

Les monuments quelconques dont je viens de vous parler, portent eux-mêmes le nom de marabout; ainsi, c'est le marabout de Lella Fathma, de Sidi Abderrhamann, de Ben Dris, de Sidi Yayia ou Taleb, etc.

Le marabout, en mourant, je parle du personnage, laisse son titre, ou sa qualité, ou son prestige, comme on voudra l'appeler, en héritage à ses enfants, fils ou filles, et forme ainsi souche de marabouts. C'est, comme vous le voyez, une espèce de noblesse, de vertu, de valeur intrinsèque, spontanée, qui peut repousser de graine ou plutôt de souche; mais comme cette noblesse ne confère aucun privilége réel, et seulement un prestige, il arrive que les descendants du marabout finissent par ne plus compter que pour mémoire parmi les indigènes, quand ils sont dégénérés et qu'ils n'ont pu ou su soutenir et entretenir personnellement la renommée de leur inventeur; ainsi ces marabouts héréditaires ne comptent-ils sérieusement comme marabouts et ne sont-ils bien traités effectivement comme tels, parmi les Kabyles, qu'à condition de valoir aussi au moins quelque chose par eux-mêmes, si ce n'est autant que leur auteur.

Quelques-uns de ces marabouts primitifs paraissent avoir été, de leur vivant, des hommes supérieurs par l'élévation de leur caractère, de leurs vertus, de leur savoir. Il y en a un, Sidi Scherif; qui a fondé, à quelques lieues d'ici, une zaouia qui existe encore aujourd'hui, zaouia qui a même une grande réputation. Elle a compté, m'a-t-on dit, jusqu'à deux cents élèves, étudiants, de tout âge, venant de tous les points de l'Algérie et même d'autres parties de l'Afrique. On y enseigne le Coran, la versification, les mathématiques, l'astronomie, le peu qui en est su. Les étudiants paient, en y entrant, quinze francs autrefois sept francs, puis cinq francs par année. Pour ce prix, fort modique, ils reçoivent la nourriture de l'esprit et la nourriture du corps. Je ne crois pas que, sous ce double rapport, ils soient traités avec trop de luxe. Le personnel, du reste, ne se compose que des maîtres et des élèves. Le service, le régime est très-simple, les petits servent les grands ; ils font eux-mêmes leur cuisine ; dépècent les moutons ; plument les poulets, etc. Quand ils sont pauvres, et je crois qu'ils le sont presque tous, ils fabriquent, pour subvenir à leur menu entretien, et cela tout en étudiant, les uns des chachias en cordonnet de laine blanche, espèce de tricot ; les autres, des souliers ; ceux-ci garnissent de soie des burnous ; ceux-là font même des chemises, etc. Si le prix de la pension, tout compris, est peu de chose et insuffisant, les dons des fidèles qui viennent en pèlerinage et autres, des tribus même, y suppléent largement, et font même, dit-on, d'assez bons revenus au chef de la zaouia.

Quand chacun a acquis son contingent, sa ration de science, de savoir, a, en un mot, ce qu'il lui faut, il s'en retourne chez lui, ou ailleurs. Il devient taleb savant, ou maître d'école, ou cadi, ou mufti, selon les circonstances ou ce qu'il sait faire, son savoir faire. Il devient même quelquefois marabout lui-même, et à son tour fait souche de la chose, ou fonde une zaouia.

Les descendants du fondateur Sidi Ali-Scherif ont dignement soutenu, de père en fils, sa grande réputation jusqu'à nos jours. Ses derniers représentants ont, depuis notre arrivée en Afrique, eu le bon esprit de ne pas se mêler, au moins ostensiblement, à la politique militante. Ils ont continué à s'occuper de lettres, de sciences et de religion, et à faire des élèves ; ils sont restés, en un mot, dans leur véritable sphère. Aussi ne les a-t-on pas troublés ni inquiétés. Le représentant actuel de la lignée est un jeune homme de vingt-cinq ans, très-distingué, dit-on. Il a pour ami et conseil, en un mot, pour mentor, Sidi Mabrouk ben Hamimid, homme d'un âge mûr et aussi marabout, d'un caractère sage et prudent, d'un esprit sagace et prévoyant. A la première occasion, je compte bien aller leur porter ma carte.

Voilà ce que je sais des marabouts de toutes les variétés. Si vous n'en avez pas assez, eh bien, quand j'en saurai davantage, je vous le dirai. En tout cas, ça suffit pour que les aimables dames et demoiselles, bonnes âmes indulgentes, qui ont bien voulu me lire, ne confondent plus mes marabouts kabyles avec les coiffures de ce nom et ne me reprochent plus d'éveiller, à cet endroit, leurs petites envies de coquetterie. Si, maintenant, l'envie d'en être coiffées leur en restait, je me fâcherais et ne leur dirais plus rien. Mes gaillards, en seraient, en vérité, par trop heureux, et pourraient bien faire la nicque à sa seigneurie Mahommed, je ne dis pas : de Mahommed, ce genre de noblesse n'existant pas chez les musulmans, et, voire même, à son gentil paradis, tout y compris. Les marabouts, pour en finir définitivement, sont aussi très à la mode, en très-grande vogue chez le beau sexe de Kabylie et c'est à qui des belles en sera coiffée ; seulement cela ne se porte pas de la même manière. Plus prévoyantes, elles se les arrangent aussi en garnitures, pas sous la forme de coiffure légère, mais bien sous la forme plus solide et plus complète de.... maris. C'est, sans doute, moins gracieux, moins coquet, moins élégant: en revanche, c'est d'une utilité plus réelle, plus usuelle, d'un meilleur usé, et, au moins, je le crois, aussi bien porté, et, honni soit qui mal y pense, car ça se porte..... devinez où, Mesdames, non pas mes dames, vous le savez mieux que moi ; mais, Mesdemoiselles, voyons, devinez...... Vous vous en doutez bien un peu, sinon beaucoup ; dites-le, alors, sans aucunement rougir : c'est si naturel ; voyons, devinez..... et dites franchement....... Eh bien ça se porte....... là, où nous portons nos épouses, nous ; quand je dis nous, c'est une figure, même une triste figure, n'étant moi-même malheureusement pas doué, heureusement, d'aucune épouse ; çà se porte donc là où nous mettons nos épouses, c'est-à-dire... ah !... dans le cœur !! Vous voyez bien que cela est bien porté.

Mais où étais-je donc, où étais-je donc? Ah ! je vous faisais la description des lieux d'habitation de Sidi Djoudi. Je continue : dans un angle de la couba du saint, contre le mur et près du tombeau, est appuyé son étendard sacré, qui ne voit le jour que dans les grandes occasions, comme l'oriflamme de St-Denis, dans un jour de bataille contre les infidèles. Au fond de la cour, toujours à gauche, est l'entrée de la maison des hôtes, où on m'a installé. Elle est bâtie en pierres, liées avec la terre. L'enduit des murs, intérieurement, n'est pas trop mal fait ; je ne crois pas, cependant, qu'il y entre de la chaux. Le toit est à deux pentes et couvert en tuiles ; trois grosses poutres transversales en cèdre ou en pins le soutiennent, à droite en dessous dans l'écurie ou l'étable, en contre-bas et d'un demi-mètre au-dessous du niveau du sol. Cette écurie est séparée du reste de l'habitation par un mur, haut d'un demi-mètre environ, du côté de la partie réservée à l'habitation, et servant même de banc longitudinal. L'écurie, dans toute sa largeur et dans toute sa longueur, est couverte, à moins de deux mètres de hauteur, d'un plancher fait en madriers, sur lequel on peut se coucher. Le reste de l'intérieur forme une seule chambre, sous toit, ayant huit ou dix mètres carrés ; il n'y a ni fenêtre, ni cheminée, aussi le dessous de la toiture et les poutres sont-ils garnis d'un enduit de noir de fumée. A l'extérieur, la porte se ferme par un petit système de barrage. Comme c'est la maison de réception, il n'y a aucune espèce de meubles.

En face de ce bâtiment et du marabout sont deux ou trois petites maisons, habitées par la famille de Sidi : ses frères, beaux-frères, fils, leurs femmes et enfants. Tout cela mange de la même cuisine, mais non ensemble. Le père ne mange pas avec ses enfants. Les hommes ne mangent pas avec les femmes.

La cour est en pente et monte vers la porte d'entrée. Sidi reçoit beaucoup de visites ; car il a été hors de chez lui pendant quelque temps. Je suis, sans doute, aussi pour quelque chose dans ces visites. Voilà un grand gaillard, dont la physionomie mauvaise ne me revient pas ; il a une canne à épée plate, grossièrement faite..... je tire la lame ; elle me paraît très-ancienne, elle est plate et très-flexible ; mon homme me dit qu'elle est anglaise.... C'est insupportable ! ils ne peuvent voir un objet quelconque bon et bien fait, couteau, rasoir, montre, fusil, etc., sans vous dire : « Anglais ! »

Quand donc notre industrie saura-t-elle travailler pour le commerce extérieur et réhabiliter la réputation de ses produits discrédités complétement, même en Afrique, surtout pour les tissus de soie et de coton ?

Je reçois la visite du vieux Hadj-Hamiche : le voilà entouré de Kabyles qui l'écoutent ; c'est un parleur infatigable et intarissable. Sa physionomie est très-spirituelle et sardonique ; c'était le bras droit de Sidi, la meilleure tête et la meilleure langue dans le conseil, le meilleur batailleur dans le combat. Je ne sais ce qu'il raconte à son auditoire ; mais il le fait passer du plus grand sérieux à la plus vive gaîté ; je dois être pour quelque chose là dedans ; riez Kabyles ! cela m'est égal ; cela m'est même inférieur.

Il invite Président, comme il m'appelle toujours,

à venir aujourd'hui manger le kouskoussou et coucher chez lui en revenant. Voici, je crois, pourquoi il m'appelle Président : Étant à Alger, il y a quelques mois, il demanda à un chaouch du bureau arabe, qui me connaît et m'avait vu avec lui, de le conduire à ma demeure. Celui-ci le conduisit au tribunal. Je présidais l'audience correctionnelle et il y avait affluence de Maures et d'Arabes. Il m'indiqua et on lui répondit, sans doute, c'est le président. Depuis lors il m'appelle Président, et toutes mes autres connaissances kabyles ne me connaissent même que sous ce nom. C'était déjà, s'il vous en souvient, le nom que m'avait donné, dans mon enfance, mesdames de Lapiere et de Massauve, nos grand'mère et grande tante, elles-mêmes, filles, petites filles, sœurs ou femmes de robes rouges.

Sidi m'apporte une peau de panthère assez belle, mais dont la mâchoire est dégarnie de dents et les pattes de griffes, et Ali, son plus jeune fils, la dépouille d'un aigle, qu'il a tué sur le Djurjura ; il paraît qu'il est très-bon tireur. Il me l'offre en présent : j'accepte pour ne pas lui déplaire. J'ai bien quelques jolis djbiras-nécessaires, de mon invention, dans mon porte-manteau, pour les femmes ; mais je ne veux les donner qu'à elles ; or, je n'en vois aucune ; pourquoi ? est-ce par respect humain ? je ne sais, j'ai bien entrevu deux femmes et des petites filles entrer dans la maison de Sidi, chargées d'outres, mais elles sont bien salement vêtues, et semblent appartenir à la domesticité. Une vieille en cheveux presque blancs est venue me voir, qui est-elle? Une autre, jeune encore, grosse et forte, au type de mulâtresse, m'a offert un bijou, une énorme cocarde en argent, percée, au milieu, d'un trou, traversé par un ardillon, ornée de perles en argent, d'incrustations, de corail et d'émail de couleur.

Je n'ai plus qu'une chemise blanche ; le reste a soif de savon, surtout mes deux ou trois mouchoirs de poche, qu'un affreux rhume de cerveau a mis dans un état déplorable ; chez les Beni-Hamed, je n'ai pu m'en procurer gros comme une noix : les Kabyles fabriquent cependant de très-bon savon noir en gelée ; mais ils le vendent et n'en gardent pas pour leur épouses. On m'en apporte une espèce de boule et je donne mon linge au frère d'Ali. D'autres profitent de la circonstance pour faire décrasser leur chemise ; on propose à Hamiche de donner la sienne, qui aurait grand besoin de beaucoup de savon, mais il paraît qu'il n'en a pas une de rechange ;..... ce qui lui donne l'occasion de quelque horrible plaisanterie, qui fait éclater de rire la société.

Pendant que je prends quelques notes à l'entrée du marabout, où Lahoussin fait la correspondance de Sidi, celui-ci me remet une lettre à l'adresse de M. le général Daumas; il désire que j'écrive au bas, comme quoi il m'a conduit chez lui, etc. Voilà donc le fin mot ; vieux finaud ! Soit, accordons le certificat et donnons, de plus, notre *vu pour légalisation, etc., de la signature du Sidi marabout*. Très-bien, me voilà dans l'exercice de mes fonctions en pleine et haute Kabylie ; Progrès et prise de possession, juridico-magistrals ; je puis me vanter d'être le premier, le numéro un de la chose.

Le bonhomme se dessine : il ne peut pas s'imaginer, d'ailleurs, quoique je lui dise, que je ne sois qu'un simple juge en vacances, voyageant seulement pour le sentiment civilisateur et mon agrément personnel ; il me croit sans doute chargé de quelque mission et me donne une importance officielle, que je n'ai pas.

Comment un indigène croirait-il, en effet, que la curiosité est le seul but d'un pareil voyage ; lui, dont les démarches un peu importantes cachent toujours une arrière-pensée d'intérêt quelconque ; car le voyage de la Mecque lui-même, indépendamment de l'œuvre pieuse, méritoire qui y est attachée, donne à ceux qui l'ont fait une certaine importance, un certain prestige, lui rapportant toujours quelque chose, quant ce ne serait que des kouskoussous. Aussi, soit dit en passant, si tous les indigènes le faisaient, le fanatisme y perdrait. Il y a un autre pèlerinage que je voudrais qu'on leur fît faire : c'est celui de Paris ; on y envoie bien, de temps en temps, quelques chefs influents ; mais cela est plutôt nuisible qu'utile à notre domination ; car ces grands chefs, en général fins et rusés matois, se gardent bien de dire ce qu'ils ont vu, et surtout de parler de notre puissance, dans la crainte, très-fondée du reste, de compromettre leur influence et leur propre valeur aux yeux de leurs compatriotes.

Ne pourrait-on pas avoir, en permanence, ce qui, sous tous les rapports vaudrait beaucoup mieux, un escadron de spahis Arabes et un bataillon de Kabyles, composés de très-jeunes gens de familles obscures ? Ceux-là, en retournant parmi les leurs, sous leur tente où dans leur maison, n'auraient aucun motif de taire ce qu'ils auraient vu et appris. Au contraire, leur vanité en serait flattée. Frappés eux-mêmes de l'aspect de nos campagnes, partout cultivées, de la sécurité des routes, de la vue des chemins de fer, des bateaux à vapeur remontant les fleuves, de nos arsenaux, etc., ils se complairaient à raconter toutes ces merveilles de notre puissance et de notre civilisation, et leurs récits, toujours exagérés même, décourageraient les fanatiques les plus enragés, les entêtés les plus endurcis, les plus encroûtés, tandis qu'ils éveilleraient la curiosité des femmes et des enfants et exciteraient celle des hommes.

Je sors de nouveau en toilette flambante, chemise éclatante de blancheur, avec manchettes attachées par deux superbes doubles boutons en émeraude bleue, de verre, chemise française, sortant des mains des petites Mauresques de Mme

Luce, la première des femmes françaises qui, à force de persévérance, d'esprit de charité, a su réunir autour d'elle une foule de petites filles mauresques, sans pain, fatalement prédestinées par la misère, qu'elle sait mettre en état de gagner, de grignoter leur pauvre petite vie, en attendant un mari ; petits souliers vernis, gants serin. Je retourne avec Ali à l'entrée du village ; nous rencontrons quelques femmes et quelques petites filles ; les femmes ont une coiffe noire et une chevelure parfaitement ébouriffée; leur vêtements, comme toujours, sont d'une affreuse malpropreté.

Il ne doit pas être très gai pour les habitants d'avoir ainsi les deux entrées de leur village précédées d'un cimetière. Un Kabyle rentre; il n'est vêtu que d'une chemise et armé d'un long fusil ; sa physionomie est péniblement agitée.... Il est sans doute sous le coup de quelque vendetta, ou chargé lui-même de l'exercer sur quelqu'un.

C'est une chose étrange, ou plutôt monstrueuse, que la vendetta kabyle !

Un Kabyle en tue un autre à la suite d'une querelle ou, le plus souvent, d'un excès de jalousie. Oh ! les femmes, les femmes, et les demoiselles donc ! A défaut de tribunal, d'autorité quelconque chargés de la punition des crimes, la famille du mort est obligée, bon gré mal gré, d'après l'usage, de tuer le meurtrier, ou, à son défaut, car il s'enfuit presque toujours, de tuer un membre quelconque de sa famille. Si le meurtrier a laissé son homme pour mort et qu'il ne le soit pas, les choses peuvent s'arranger par l'intervention des marabouts, des parents et des amis ; mais s'il est bien mort, le meurtrier se réfugie chez un marabout, dont l'asile sous ce rapport est inviolable, et de là, cherche à s'enfuir, en échappant à la vengeance des parents du mort, chez quelque tribu voisine, qui ne livre jamais un pareil réfugié. Ensuite, il s'expatrie, ou bien devient citoyen du village; mais il n'en reste pas moins ainsi que sa famille sous la vengeance de la famille du mort.

Le capitaine m'a raconté un trait, qui caractérise bien ce côté des mœurs des Kabyles et en même temps le degré de sujétion absolue où ils ont réduit les femmes, dans quelques tribus, ce qui prouve, soit dit en passant, combien ils craignent leur influence.

Un mari, sur de simples rapports que sa femme lui aurait été infidèle pendant son absence, la tue; puis, s'enfuit et se réfugie dans une tribu, où il avait des amis ; mais, fatigué de n'en pouvoir sortir sans s'exposer à la vengeance de la famille de la malheureuse, que fait-il pour s'y soustraire sans danger pour sa peau et rentrer dans son village ?.... Il avait une sœur; il propose à la famille de livrer à sa vengeance cette sœur à sa place : sang pour sang. La famille, avant d'accepter la proposition, envoie son personnage le plus influent chez le capitaine Beauprêtre, pour le consulter et savoir ce qu'il pense sur le cas. Vous pensez bien quelle fut la réponse ! Sur le moment même, ne pouvant maîtriser son indignation, il répondit que si la famille touchait à un cheveu de la malheureuse sœur, il ferait arrêter toute la nichée comme nichée d'assassins ; puis, après, il leur fit comprendre tout ce qu'avait de lâche et d'odieux une pareille proposition.

Au fond, toutes ces vendettes pèsent très-péniblement à la fois sur les familles, ou chargées de la vengeance, ou chargées de la supporter ; divisent celles qui avaient toujours vécu en bonne intelligence et ne demandaient qu'à la continuer, et perpétuent entre elles l'esprit de haine et de vengeance.

Il y a encore une autre espèce de vendette : celle qui existe de tribu à tribu, à propos d'une limite de terre, d'une rapine, d'une maraude, etc. Une querelle éclate entre deux tribus ; on en vient aux mains : un homme est tué d'un côté.... il est de l'honneur de l'autre côté de ne mettre bas les armes, de ne cesser la guerre, que lorsqu'il y aura eu un homme tué chez l'adversaire. Vous comprenez qu'il n'y a pas de raison pour que cela finisse, parce qu'au lieu d'en tuer un il peut en tuer deux ou avoir lui-même de nouveaux tués ; alors les comptes se compliquent. Je ne parle pas des querelles intestines dans les villages, à propos de l'élection de l'Amin. Les partis se réunissent à la Djemma, espèce de forum, maison ouverte de deux côtés et garnie d'espèce d'estrades en maçonnerie ; les prétendants discutent, se mesurent. C'est ordinairement celui qui compte le plus de fusils, c'est-à-dire d'hommes armés dans sa famille par ses fils, ses gendres, etc., qui l'emporte. Les autres l'acceptent, quand la lutte ne leur offre aucune chance de réussite ; sauf ensuite, à intriguer et à chercher noise à l'administration de l'Amin. Mais, si les prétendants ont des chances égales, on se dispute, on braille, et, comme dit le vieux Hadj Hamiche en riant, quand on ne s'entend plus on se tape, *ultima ratio*, jusqu'à ce qu'il y en ait un plus fort; alors seulement et de guerre las on s'arrange.

Le vieux bonhomme raconte avec plaisir une grande bataille, qui eut lieu dans sa jeunesse, en son village; on s'y est tapé pendant plusieurs jours, et, je crois que sa réputation de batailleur date de cette époque.

Vous comprenez quels hommes doivent faire de pareils usages, de pareils désordres, une si profonde et si énergique barbarie; combien elle doit développer l'individualité, habituée à ne compter que sur elle, ne trouvant appui et protection nulle part.

Le capitaine, sans prendre une part trop active à ces discussions intestines, ce qui serait très-dangereux, même pour la civilisation, a choisi pour tactique de préparer l'avenir, en leur faisant sauter aux yeux les terribles et injustes obligations et charges personnelles, que leur imposent de pareils usages et en leur faisant désirer qu'il en soit autrement. Mais les préjugés sont terribles : Ça a toujours été comme cela depuis le commencement du monde... » Au fait, ils ne peuvent pas dire autre chose. J'ai déjà fait entrevoir notre justice criminelle à quelques-uns. Une bonne administration, le contact et les relations journalières d'homme à homme, avec nous, changeront tout cela, car le kabyle n'est pas, de sa nature, plus vindicatif que tout autre peuple ; il l'est peut-être moins, à en juger par sa gaîté, sa bonne humeur habituelles. Pour lui, l'amour de la vengeance, le besoin, la nécessité de la vengeance n'est pas une passion, un penchant, pour ainsi dire innés, entraînants, irrésistibles. C'est bien plutôt une obligation, un devoir même, imposé par l'esprit des mœurs ; obligation ou devoir d'autant plus impérieux, qu'il passerait, parmi les siens, pour manquer de nif, s'il ne cherchait pas à l'accomplir.

Il est une loi, dont le principe, comme du reste celui de toutes les autres, est inhérent au cœur humain, avant d'être écrit dans les codes ; celle-ci : à tout dommage causé, réparation ; à tout tort commis : répression ; et certes, il n'en est guère de plus dommageable, de plus grave envers la société et l'individu que le meurtre ; qu'en pensez-vous ? Chez les peuples bien civilisés ou en voie de bonne civilisation, cette loi a été formulée et sanctionnée par des pénalités sous la sauvegarde d'un pouvoir matériel exécutif, répressif quelconque. Chez les Kabyles, pour des causes qui sont un peu trop du domaine de la philosophie de l'histoire, pour que je me permette de les aborder en courant, pour des causes quelconques, c'est plus court et moins compromettant ; pour des causes quelconques, donc, chez les Kabyles, il n'en a pas été ainsi. Sous ce rapport, point de loi écrite, point de pénalité, point de pouvoir exécutif, matériel, organisé pour la répression et la punition des meurtres. La loi naturelle et rien que la loi naturelle. Se rendre justice soi-même et par soi-même, c'est-à-dire, la vengeance personnelle. Cependant, tant est grande la force, la puissance du principe et sa tendance à se généraliser, cette vengeance, bien que personnelle, toute personnelle qu'elle est dans sa cause, son origine s'exerce sous l'influence, la pression, l'instigation même et la sanction de l'esprit public, du respect humain ; espèce de pouvoir spirituel ; essence spirituelle et spontanée de l'autre, du pouvoir matérialisé, organisé matériellement, corporellement. Comprenez-vous ; la phrase est un peu..... un peu quoi..... métaphysique (le mot est commode) et un peu longue ; mais elle serait encore plus longue à raccourcir. Passe petit, passe gros, je ne la referai pas. Je reviens à mes beaux, à mes jolis, à mes chers petits moutons. En définitive, en fait et au fond, comme nous disons en termes de basoche, la vengeance kabyle, *Lahzen*, est moins, en réalité, une vengeance personnelle, librement volontaire, de spontanéité intime et de libre arbitre, qu'une espèce de *vindicte privée*, en l'absence ou faute d'une vindicte publique; un acte de répression de justice *criminelle, naturelle*, à défaut d'un acte de justice, dite légale.

Toutes ces considérations et ma propre expérience m'ont amené à penser, à être convaincu, que le jour où nous aurons substitué chez les Kabyles la justice criminelle légale à la justice criminelle naturelle, et comme conséquence, la vindicte publique à la vindicte privée, personnelle, c'est-à-dire, la vengeance personnelle, cette plaie vive, permanente, irritante, cette source intarissable de barbarie disparaîtra comme un effet qui n'a plus de cause.

Ces idées ne sont pas purement théoriques ; je les ai expérimentées moi-même par la pratique; car, pour moi, en pareille matière, tout système, toute théorie, comme en matière sociale, n'ont de valeur réelle qu'autant qu'ils ont été expérimentés, sanctionnés par des faits. Or, voici un fait, entre plusieurs autres, outre ceux ci-dessus relatés, rappelés, exposés, mentionnés.

Au mois de septembre mil huit cent quarante-neuf, un jeune kabyle mourut subitement avec des symptômes d'empoisonnement, et tout aussitôt le bruit courut dans la tribu que sa femme l'avait empoisonné ; c'était une jeune femme, âgée seulement d'environ treize ans et déjà veuve d'un premier mari. Comme vous le voyez, elle promettait pour l'avenir, des maris. On disait qu'elle avait mêlé quelque chose au kouskoussou qu'elle avait préparé et fait manger à son mari. Les présomptions contre elle étaient graves, très-graves, comme on dit dans les réquisitoires ; mais c'était tout. Je me rendis sur les lieux, ou mieux, je me transportai sur les lieux, au fond de la Mitidja, aux pieds des montagnes, pour faire faire l'exhumation. C'était la première fois que cette terrible opération, ou plutôt cette affreuse et fatale opération était tentée au milieu des indigènes si loin d'Alger. Comme je connaissais toute l'horreur des musulmans pour cet acte, qu'ils considèrent comme une profanation sacrilége, je dis, toujours par la langue de notre fidèle Bottari au caïd Lackhal bou Noua, qui m'assistait, que les Français respectaient tout autant que les musulmans les sépultures et considéraient aussi comme un sacrilège de les violer par impiété, haine, cupidité ou tout autre mauvais sentiment, que cependant, quand il s'agissait de savoir si un crime avait été commis et quel en était le coupable, ce n'était plus un sacrilège, mais, au contraire, un devoir rigoureux, de la part de la justice, de découvrir et de fouiller la tombe pour y chercher la vérité.

D'abord on ne trouva personne pour ouvrir la terre ; enfin, un Kabyle, plus hardi que les autres, se présenta et l'exhumation commença. Le tumulus était un tertre de terre haut d'environ un pied, ayant deux mètres de longueur et un mètre de largeur. Il était recouvert de pierres, garni de branches d'épines, pour le préserver des fouilles des chacals. La fosse évasée à son orifice et d'environ un demi-mètre de largeur et d'autant de profondeur, présentait une espèce de plancher ou de voûte en pierres plates, au-dessous duquel le fond de la fosse était creusé, taillé dans la terre en forme de cercueil. Le corps était couché, étendu au fond, préservé du tassement par l'espèce de plancher ou de voûte de pierres ou de dalles plates. Il était enveloppé très-proprement et avec soin dans un drap de toile blanche de coton. L'opération fut faite promptement et habilement par M. Martin, en l'absence du docteur Bodichon, qui était allé en France ou en Belgique pour faire imprimer ses livres.

Nous étions restés seuls le docteur et moi. Aux premiers coups de pioches, caïd et spahis avaient décampé, saisis d'une crainte supertitieuse, et les autres n'avaient pu tenir et avaient fait comme eux, aux premiers jets, aux premières fusées de gaz, qui avaient jailli de la fosse. Quant au populaire, hommes, femmes et enfants, il s'était éparpillé aux alentours, mais à distance, échelonné sur les coteaux environnants.

Comme je tenais beaucoup à donner à cette opération un caractère officiel, je restai sur place, examinant en détail, jusqu'à ce que tout fût terminé.

Lorsque j'eus entendu les témoins, interrogé l'inculpée, etc., nous allâmes nous reposer sous l'ombrage d'un antique olivier sauvage, aux formes très-pittoresques, une véritable et belle étude. Il faisait une chaleur excessive ; le soleil était brûlant et dardant. Nous avions porté de quoi déjeûner ; mais le caïd Lackhal bou Noua, de son côté, nous avait fait apprêter une petite diffa, consistant en galette, kouskoussou, poulets, œufs durs et lieben comme boisson. Nous nous étions mis en route à trois heures du matin, et nous ne devions pas être de retour à Alger avant six heures du soir. Cependant, personne n'avait faim ; les estomacs étaient fermés. Bottari, notre sensible interprète, était ému ; il avait le cœur gros. Lackal bou Noua, lui-même, fameux et rude soldat, qui aurait coupé une tête, plusieurs têtes, sans sourciller, était préoccupé ; les spahis qui, en général, ne sont pas des modèles de types de sensibilité, n'étaient pas à leur aise ; le populaire était ébahi, avait les bras pendants, mais pas un mot, pas un geste, pas un signe d'opposition et même de mécontentement. J'avais dit au caïd de me faire venir deux ou trois femmes, désignées comme témoins importants. L'ordre fut mal compris et, pour prévenir toute erreur, il avait fait venir toutes les femmes ; la collection n'était pas ravissante : quelle misère, quel dénuement ; chacune d'elles avait son ornement naturel, un ou deux marmots pendus au cou, au dos, au sein ou à la main. Tout ce fretin, petits garçons et petites filles, avaient pour apparence de vêtements quelques lambeaux de toile sale, très-sale, de calicot, placés quelquefois trop haut ou trop bas, ou à l'inverse de ce qu'ils devaient être. Quelques-unes de ces petites créatures étaient encore moins vêtues qu'un petit chien, un petit chat, qui a au moins son petit poil. L'une même de ces femmes était accouchée la veille. Le sensible Bottari en était tout marri ; aussi interpréta-t-il vivement l'ordre que je donnais de la renvoyer immédiatement. Je dis au caïd qu'on aurait dû laisser cette femme chez elle et ne pas la déranger. Il me répondit que, pour ne pas se tromper, il les avait fait toutes venir..... et on dit que les indigènes sont difficiles à conduire !

A l'audience de la Cour, des taches d'arsenic, que notre habile chimiste, M. Simounet, avait découvertes dans les intestins du malheureux mari, et qu'il avait recueillies et fixées d'une manière brillante sur de la porcelaine, furent représentées aux témoins et à l'accusée. Ainsi il fut bien avéré pour tous que, désormais, rien n'échappait, ne pouvait échapper à la science de nos *talebs* (savants) et qu'il ne suffirait plus, avec notre justice, d'ensevelir une victime dans la tombe, pour que le secret de sa mort y soit à tout jamais enseveli avec elle. Il y eut une condamnation, cette fois, d'un effet prodigieux, car je ne sache pas qu'aucun empoisonnement ait été commis depuis dans la contrée, où cependant, précédemment, ils n'étaient pas rares.

Autre exemple : Chez les Michtras, tribu à trois lieues au-delà de Dra el-Mizan, en face du premier pic du Djurjura, deux jeunes gens se prennent de querelle, pour cause de jalousie, et en viennent aux mains. L'un s'arme d'une pierre ; l'autre plante à celui-ci sa taguelzintte, petite hachette à double tranchant, l'un vertical, l'autre horizontal, dans le crâne. La famille du meurtrier, sachant bien qu'elle n'aura pas merci, dans l'état des choses, de celle de la victime, et que la mort sera sans cesse suspendue, prête à frapper, sur la tête d'un de ses membres, conduit elle-même, dans l'intention de prévenir, de conjurer le coup, conduit elle-même son coupable à Dra el-Mizan, et le livre au capitaine Beauprêtre. La famille de la victime, prévenue de ce qui avait eu lieu, consentit de son côté à s'en rapporter à ce que déciderait le capitaine.

Voilà, ce me semble, des faits significatifs, et, comme vous le voyez, mes considérations de tantôt ne sont pas le résultat de théories, de rêveries plus ou moins creuses, plus ou moins hasardées.

Il y a d'ailleurs chez les Kabyles un bon sens pratique, courant dans les masses, qui, malgré leur antique et aveugle ignorance des progrès humains, malgré leurs préjugés et préventions invétérées contre nous, leur ferait apprécier bien des institutions de notre civilisation, s'ils les connaissaient. Malheureusement, il n'y a pas d'intermédiaire pour les leur faire voir et comprendre et surtout les mettre à leur portée.

Il faudrait savoir leur imposer un ordre de choses, toujours à leur portée, qui, tout en ménageant leur fichu nif, les débarrassât personnellement de l'obligation d'une vengeance toujours difficile, pénible, souvent périlleuse à exécuter dans ses actualités et dangereuse dans ses conséquences; mais que faire, qu'instituer? Tout simplement des Cours d'assises, organisées et fonctionnant provisoirement d'une manière spéciale; composées de magistrats qui ne seraient pas, autant que possible, entièrement étrangers aux mœurs du pays; appliquant le Code pénal, modifié cependant, pour certains cas, et quant à certaines peines, telles que la peine des travaux forcés, celle de la déportation; appliquant une pénalité spéciale aux amins, aux marabouts, aux zaouïa et tous individus quelconques qui auraient donné asile à un meurtrier, sans l'avoir conduit ou au moins dénoncé immédiatement à l'autorité française, l'aurait aidé dans sa fuite, etc., avec responsabilité, quant aux amendes, de la part du village et même de la tribu. Pour des gens habitués traditionnellement, et cela de temps immémorial, à considérer le droit d'asile comme sacré; cela leur paraîtrait certainement un peu dur. Ils feraient bien, tout d'abord, les récalcitrants, en apparence du moins, et tout en désirant au fond, d'être et surtout de paraître contraints. Bientôt l'utilité de la mesure, manifeste et pour l'individu et pour la masse, serait comprise et appréciée par tous, et ferait tomber les résistances, les mauvais vouloirs les plus intéressés. Je vais plus loin, car je crois même que, dans la plupart des cas, les meurtriers sachant, ce qu'ils ignorent maintenant, qu'ils n'encourraient pas toujours la mort pour la mort, d'après nos lois, se rendraient d'eux-mêmes et librement aux autorités françaises, préférant courir les chances d'une peine temporaire au supplice insupportable d'être toujours sous une menace de mort ou d'y exposer sa famille et d'être à tout jamais proscrit, loin de son pays, loin de sa famille.

Je ne vous parle pas des détails d'organisation et d'application : c'est une affaire de métier, qui vous intéresserait point ou peu.

Vous riez et me dites d'abord : Monsieur Josse vous êtes.... et puis après, tu vends la peau de l'ours.... A cela je vous répondrai : que je raisonne dans l'hypothèse d'une prompte pacification de la Kabylie ; que je crois cette pacification très-possible, très-prochainement possible, les moyens ne manquant certes pas ; qu'il ne faudrait, il est vrai, que la manière de s'en servir, et savoir vouloir, rien que cela.

Le village de Sidi est très-étroit, mais très-long. Il se nomme Liri-bou-ammès. Je ne puis en compter le nombre des maisons, mais il me paraît considérable et doit bien atteindre le chiffre de trois cents. Une autre fois, et quand ses habitants sauront bien qui je suis, c'est-à-dire un ami, et non un espoin, je ferai bon nombre de visites domicilières. Il ne faut pas trop tenter du premier coup, ce serait imprudent et s'exposer, en rencontrant quelque fanatique, ou quelque mauvaise tête, ce qui est à peu près la même chose, à tout gâter.

Je voudrais bien revenir à Dra el-Mizan par les vallées nord du Djurjura, qui sont remplies de villages, mais il faudrait traverser des tribus ou des fractions de tribus en guerre avec nous, dit-on, ou avec Sidi, ou du moins, qui sont hostiles, notamment le territoire des Beni Ouassifs (les fils de la rivière). Sidi appartient à celle des Beni-Boudrer (fils de montagne). Toutes deux, cependant, sont Zouaouas.

Il est décidé que nous irons ce soir coucher à Thala-Tassarthe, prononcez Thélin-Tesserthe, source des figues, ou plutôt fontaine des figues, chez le vieux Hamiche. Hamed et Saïd m'accompagneront : nous partirons au lever de la lune, pour éviter le soleil, peut-être aussi par prudence. En revenant on me conduira sur le pic Lella Khedidja, car j'y tiens : Sidi me l'a enfin promis.

Le soir venu, on me sert un très-bon kouskoussou au bœuf; le frère d'Ali m'a rapporté mon linge, à peu près propre. Je refais mon porte-manteau et donne à Ali une poudrière en corne, garnie de cuivre, et à Sidi de la poudre de chasse fine ; rien pour les dames, puisque je ne les ai pas vues. Sidi insiste pour que j'emporte la peau de panthère : je la prends, à défaut d'autre souvenir. Je n'aime pas qu'on me fasse des présents d'une certaine valeur, parce que je ne veux pas être en reste, et Sidi est plus riche que moi. Il s'est amusé toute la journée à regarder dans ma longue-vue ; il voudrait bien l'avoir ; mais, elle me vient de Louis : il ne l'aura donc pas : je lui en enverrai une d'Alger. Adieu, Sidi, adieu, tout le monde : je me rappellerai de votre hospitalité ; elle n'est pas un vain mot !

Nous partons vers neuf ou dix heures du soir par un très-beau clair de lune. Décidément le village est très-long. Nous reprenons le chemin d'hier : cette fois il ne faut plus craindre de tomber sur son nez, mais son sur dos, de piquer une tête par devant, mais par derrière ; par endroits le chemin est bordé de frênes aux branches taillées de près, ce qui leur fait produire plus de feuilles, qu'on donne à manger aux moutons et aux bœufs, en automne, à défaut de pâturage et de fourage.

Nous ne marchons pas sans précaution ; y aurait-il du danger ? ou Sidi voudrait-il me faire croire qu'il y en a, pour rendre la réception qu'il m'a faite, plus méritoire ? Un Kabyle marche en avant à pied en éclaireur, le pistolet à la main, prêt à faire feu ; un autre le suit à quelques pas, le fusil sur l'épaule ; tous-deux vont lentement, la tête aux aguets, semblant sonder, scruter le chemin et les environs.

Hamed, l'aîné des fils de Sidi, vient après, monté sur un mulet et armé, puis moi, Saïd et un autre Kabyle. Je tiens mon fusil en travers, appuyé sur le devant du bât, aussi prêt à m'en servir ; mais à quoi ? car, s'il y a quelque chose à craindre, c'est de la part de quelque sournois à l'affut, caché dans un trou ou derrière un buisson, un rocher, au bord de la route, et qui me canardera, à coup sûr et sans danger pour..... lui.

C'est assez ennuyeux de s'attendre ainsi, à chaque instant, sans cependant voir l'ennemi, à recevoir le coup de la mort, sans même savoir si ce sera par devant, par derrière ou sur les côtés, qu'en dites-vous ? — Ah, ma foi ! tant pis, au petit bonheur ! je voyage pour le sentiment, et à la grâce de Dieu. — Mais faisons attention à notre bête, car, dans tout cas, il y a un danger réel et apparent, sans penser aux autres, celui de dégringoler avec ou sans ma bête à bas de quelque rocher. Attention donc de ce côté !

Tout mon monde marche dans le plus grand silence. Nous arrivons au haut ; — ah ! voilà une maison ; encore cent pas et nous sommes hors de toute appréhension de dangers. — Nous y voilà ; tant tués que blessés ; il n'y a personne de mort ni même de blessé.

Nous entrons sous le corps de garde ; un homme se lève de dessus le talus, c'est le vieux Sidi El-Hadj-Hamiche qui nous attend. Nous mettons pied à terre ;

il paraît que c'est un usage; on ne peut entrer dans un village à cheval, c'est-à-dire à mulet, car je ne crois pas qu'aucun cheval ait pu ou puisse jamais passer par ici, il faut en descendre. Nous entrons dans la longue ruelle, que j'ai parcourue hier soir, et nous nous arrêtons, à quelques pas, près d'une porte : on parlemente à voix basse, pour prévenir les femmes de notre arrivée et leur laisser le temps de s'éclipser ou de se préparer; après un instant d'attente, la porte s'ouvre et nous entrons dans une cour, puis dans une petite maison à droite, dont la porte est très-basse, car il faut baisser la tête pour y entrer. Elle se compose d'une toute petite chambre carrée, surmontée d'un petit étage ; nous n'y restons qu'un instant pour déposer nos armes. Le vieux Hamiche nous conduit à une fontaine hors du village, pour nous débarbouiller.

Cette fontaine est en maçonnerie. La façade ressemble à celle d'un petit monument grec ou plutôt romain ; elle est percée de deux petites arcades, au fond desquelles sont des bassins en pierre de taille recevant l'eau ; on y monte par trois ou quatre marches. Chacun de nous puise de l'eau et se livre à une foule d'ablutions internes et externes. Saïd a disparu. J'entends barbotter près de moi, sans rien voir. Le vieux Hamiche est occupé à pousser de l'eau par un trou, je ne sais où et à qui.

Voilà une petite porte à droite, où conduit-elle ? voyons. Oh, un petit caveau, où il fait complètement noir ; c'est là dedans que j'entends barbotter. J'ai justement sur moi une boîte d'allumettes, bougies chimiques..... plif !..... la lumière jaillit et aussitôt j'entends un cri : c'est M. Saïd, que je surprends dans le plus simple appareil, dans la pose de Diane au bain, ou, sans autre comparaison, de la Vénus.... Je ne me rappelle plus son nom, celle qui n'a pas d'autres voiles pour se couvrir que les grâces de ses mains et les charmes de ses bras. Le malheureux, qui ne m'avait pas entendu venir, a été aussi effrayé de la vive lumière, qu'on l'est par un ouf, que vous pousse, à l'improviste et dans les oreilles, un mauvais plaisant d'ami. Maintenant que le petit caveau est éclairé par mon allumette, il ne sait plus où se fourrer. Ce petit caveau est une petite salle de bain où on peut se faire des ablutions de la tête aux pieds, sans craindre les indiscrets, car le soleil n'y pénètre pas, et j'ose croire que c'est la première fois qu'une allumette chimique l'a éclairée de sa lumière. L'eau y arrive par un trou dans lequel on la fait refluer, trou pratiqué dans l'épaisseur du mur, et communiquant aux bassins de la fontaine, un peu au-dessus du niveau de l'eau.

Après nous être donné de l'eau comme des canards, nous rentrons. Je vois une femme monter à l'étage, dont je vous ai parlé, par une échelle à poules, car elle consiste simplement en une grosse branche tailladée. Je reluque, en dessous, deux femmes, l'une grande et très-belle ; l'autre très-vieille : celle-ci est la mère des fils Hamiche; elle ne lui sert plus qu'à tenir sa maison, à commander à tout le monde, surtout aux femmes de ses fils et à ses filles. La belle remplit les autres obligations, charges intimes, etc., du mariage ; mais toute belle qu'elle est, il faut qu'elle obéisse à la vieille pour ne pas l'avoir contre elle avec toute sa nichée; elle n'y pourrait tenir. Le vieux Hamiche lui-même aurait fort à faire ;..... c'est la mère de toute la progéniture, fils, filles, petits-fils, petites-filles. La jeune n'a pas d'enfants.

La vieille rôde toujours en m'observant ; elle m'inquiète ; car je vous dirai qu'en ce moment je mets l'hospitalité kabyle à une rude épreuve. Il y a quelques années, Hamiche était un de nos ennemis les plus enragés et acharnés.

Quand nos colonnes opéraient non loin du Djurjura, les arrières-gardes faisaient beaucoup de pertes. Hamiche, avec ses quatre fils et d'autres coureurs étaient constamment sur nos derrières, fusillant nos soldats, sans qu'on pût les atteindre eux-mêmes, car, connaissant parfaitement le pays, les sentiers, les buissons, les accidents de terrains, ils disparaissaient et fuyaient facilement, après avoir fait leur coup. Ils nous faisaient beaucoup de mal.

Le capitaine Beauprêtre, alors lieutenant, ou même sous-lieutenant, imagina de jouer le même tour à ces messieurs avec ses irréguliers Kabyles, et, un beau jour, il les fit tomber dans une embuscade. Hamed, l'aîné de ses fils, le bras droit et l'orgueil du père, un vrai diable comme lui, fut pincé vivant et je ne sais qui lui coupa la tête. Hamiche, ce jour-là n'était pas de la partie. Ses autres fils échappèrent. — Jugez du désespoir de la mère, quand, un soir fatal, elle vit revenir ses fils, sans leur aîné, qui lui dirent : mort (mat), la tête coupée par les Français (ces Français étaient des Kabyles), et son corps n'aura pas d'autre sépulture que le ventre des chacals, des hyènes et des affreux vautours, qui, déjà peut-être, se sont repus de ses restes.

Plus tard, le père, après avoir encore bien bataillé, craignant, sans doute, pour ses autres fils le même sort que pour son aîné, fit la paix, sur des ouvertures personnelles qui lui furent faites, et ne contribua pas peu ensuite à décider Sidi-Djoudi à en faire autant.

Le vieux Hamiche est de moyenne taille, plus petit que moi. Je ne l'ai pas encore vu en colère ; mais quand il est de bonne humeur, il a, tout à la fois dans le regard et le jeu de la physionomie, de la finesse, de l'énergie, de la gaîté. Lorsqu'il discute sérieusement, il ne laisse presque pas parler les autres. Son nez ressemble à un bec d'aigle ; ses yeux sont petits, mais vifs et perçants ; il a très-peu de barbe ; il doit avoir au moins cinquante-cinq ans. Son corps est sec et noueux comme un vieux cep de vigne, troué, bosselé partout ; les doigts d'une de ses mains sont tout contournés. Son crâne n'est pas en meilleur état : ici c'est un coup de flissa kabyle ; là c'est une balle des Français ; ailleurs, c'est un coup de crosse de fusil d'un Arabe. Je crois qu'il a le cou traversé de part en part par une balle. Il passe pour avoir des inventions infernales pour faire battre les gens et pour se battre aussi lui-même. Son corps est comme un dictionnaire historique de toutes les batailles, combats, rixes, etc., qui ont eu lieu en Kabylie depuis trente ans. Maintenant il devient vieux ; il ressemble un peu à un vieil aigle, de la petite espèce, qui commence à perdre ses plumes, mais auquel il ne faudrait pas se hasarder légèrement, imprudemment, à arracher celles qui lui restent.

Le kouskoussou est servi : j'en mange par politesse, car je n'ai pas encore digéré l'autre ; il est très-épicé et a un haut goût, qui excite ma soif. Le vieux me tend une petite cruche à laquelle personne n'a touché : c'est une espèce de bouillon. — Son regard étincelle de satisfaction. Qu'est-ce qu'il y a donc ?

J'entrevois dans l'ombre de la cour la mère de Hamed ; ses yeux sont attachés sur moi avec une fixité étrange et étincellent comme ceux d'une panthère s'apprêtant à enfoncer ses griffes dans la poitrine du chasseur imprudent, qui, après avoir tué son petit, s'est laissé surprendre désarmé. — C'est qu'elle n'a pas oublié la mort de son fils Hamed ; de l'enfant qui le premier a remué ses entrailles maternelles et a fait frissonner, tressaillir son sein sous ses petites étreintes, — l'oublier ! Une mère, oublie-t-elle son enfant ! et d'ailleurs, pendant le jour, l'affreux et sinistre vautour, planant de son lourd vol au-dessus du village, ne lui rappelle-t-il pas sans cesse, qu'il a' fouillé dans la tête roulant sur le chemin et dans la poitrine de Hamed pour lui dévorer les yeux et le cœur ! — Pendant la nuit, n'entend-elle pas dans ses rêves désolés, désespérés, les aboiements faux et discordants des lâches chacals, qui se sont arrachés les membres de Hamed, les ont dispersés au loin, les ont traînés dans leurs repaires immondes, pour les dévorer et les ronger jusqu'aux os. — Hamed est mort, tué par le Roumi..... et voilà le Roumi qui brave sa vengeance !....

La vieille panthère aurait-elle des projets de vengeance ou même attendrait-elle déjà avec son regard cruellement, fatalement curieux, l'effet d'une vengeance : c'est si facile ; quelques pincées d'arsenic, et l'imprudent meurt se tordant dans des convulsions et des vomissements qui lui brûlent et lui déchirent les entrailles.

« Donne, vieux diable et à ta santé.... » Quel breuvage enragé, poivre et piment déguisent et dominent tout autre goût.... ; dès que j'ai bu, un sahhah général m'est porté (1). — Serait-ce une méchante dérision ? — On m'offre ensuite un poulet ; je dis à Saïd de le mettre de côté pour la route

---

(1) Sahhah, espèce de santé, portée, après boire, à celui qui a bu.

de demain ; il sourit d'un air moqueur. Est-ce que cela signifierait que je n'en aurais pas besoin demain !

Je sens bientôt ma tête s'alourdir, mes paupières, malgré mes efforts, s'abaisser, se fermer lourdement; le gosier me brûle. Il me semble que la lumière de la lampe vacille, puis s'éteint; je ne vois plus rien, n'entends plus rien ;..... empoisonné !

Jeudi, 25 août 1853.

ASSUREZ-VOUS ! je me réveille au point du jour, l'estomac parfaitement libre, mais un peu altéré ; cette sauce au piment et au poivre m'a fait digérer les deux couches de kouskoussou que j'avais mises coup sur coup l'une sur l'autre. Quand je vous disais : je suis empoisonné, c'est comme vous auriez dit vous-mêmes, après avoir bu ou mangé quelque chose de bien fort ou de mauvais goût : quel poison !.... je suis empoisonné..... Cependant je ne vous cacherai pas et vous avouerai même franchement, qu'au moment de boire, voyant Hamiche me regarder curieusement et sa vieille femme en faire autant à la dérobée, la pensée d'un empoisonnement possible me traversa l'esprit, d'autant plus, qu'ainsi que je vous l'ai dit, ce crime n'est malheureusement pas très-rare chez les femmes indigènes. Il est même d'autant plus facile à commettre que toutes les femmes ont chacune leur petite provision de *lesfar* ou *hadjera sefra*, préparation arsénieuse épilatoire, dont elles se servent pour leur toilette intime, c'est-à-dire, pour faire tomber et disparaître absolument et de partout, excepté de la tête, jusqu'au plus petit, au plus léger, au plus fin, au plus doux au moindre brin de duvet.

Le vieux Hamiche vient me souhaiter le bonjour ; il paraît enchanté de m'avoir reçu sous son toit ; il me conduit de nouveau à la fontaine pour faire les ablutions matinales. En revenant je trouve sa femme, la belle, examinant le velour, pur coton, de mon habit ; elle ne disparaît pas à mon approche : Hamiche a même l'air de me la faire admirer. Moi, je ne demande pas mieux, et, puisque tu le veux... Examinons ! — Elle a une très-belle tête ; elle est de haute taille ; elle est dans toute l'acception du mot une très-belle femme et ferait une superbe Judith. Je lui donne une petite épingle d'argent à tête de corail.

Je pars précédé de deux des fils de Hamiche, le fusil sur l'épaule. « Je viendrai vous revoir, adieu, mes braves ! » Voilà des gaillards bien trempés : il y a quelque chose, beaucoup même à faire avec un pareil peuple, qui a, au besoin, des vertus antiques aussi énergiques, hommes et femmes.

Le jour est venu ; nous repassons devant l'autre

fontaine ; déjà des femmes et des filles y puisent de l'eau. Nous reprenons le chemin par où nous sommes venus et le suivons sans aventures. Nous nous arrêtons un instant sous le vieux cèdre. De là jusqu'au sommet nous rencontrons sur le sentier, en échelons de rocher, des Kabyles revenant de quelque marché arabe avec des ânes ou de petits mulets chargés de laine ou de blé. En voilà un vieux qui retient sa bête, son âne, par la queue, pour faire contre-poids et l'empêcher de tomber en avant.

Quel chemin ! MM. les ingénieurs des ponts-et-chaussées kabyles ne sont pas forts !

Nous arrivons sur le plateau, où nous rencontrons encore un petit troupeau de chèvres, de moutons et de bœufs, achetés également sur les marchés arabes et conduits en Kabylie. — Saïd me montre un gros singe, assis sur une pointe de rocher ; des petits courent autour de lui : c'est quelque chose d'effrayant et d'humiliant pour l'humanité, que la ressemblance des singes avec les hommes. Il est vrai que ces animaux peuvent en dire autant des hommes ; car j'en connais, de ces derniers, de gros, de petits et même d'autres, de tout calibre, qui, en fait de singeries, en remontreraient aux singes, de la véritable espèce, et aux plus malins encore !

Cette fois je ne prends pas le fameux raccourci, celui où un cèdre, dans un certain endroit, tient ses fruits aux branches suspendus par un cheveu au-dessus de l'abîme ; il ne faut pas tenter le diable ! les choses ont été trop bien jusqu'à présent. Nous redescendons donc par la grande route. En quelques endroits de petits déblais ont été récemment faits, sans doute sur les conseils de Sidi-Djoudi ; cependant aux endroits les plus difficiles, les plus rocheux, les plus ardus, les plus ravinés, là enfin où l'on ne serait pas fâché d'avoir, outre ses pieds, des ailes, rien n'est encore fait. — Il faudrait de la poudre ; mais, si les Kabaïls savent très-bien s'en servir contre leurs ennemis, ils ne le savent pas pour faire sauter des mines. Le frère d'Ali, le joueur de flûte, me montre, à une grande profondeur à nos pieds, un défilé étroit ; il y fait rouler des pierres, pour me faire comprendre combien l'accès en serait difficile à des agresseurs étrangers. Il paraît que ces messieurs ne connaissent pas encore les carabines des chasseurs de Vincennes, qui portent un peu plus loin et plus juste que leurs pierres, et les jarrets de nos troupiers, pour lesquels rien n'est infranchissable.

Nous rencontrons çà et là des Kabyles, poussant devant eux, non sans beaucoup de peines et de fatigues, par ces chemins diaboliques, des bœufs achetés sur les marchés de la vallée. Ils les conduisent dans leurs montagnes pour les engraisser. Ils en abattent ensuite, eux-mêmes, une partie sur leurs propres marchés et les y débitent en détail, la consommation de cette viande étant assez grande en Kabylie. Ils en amènent aussi jusqu'aux marchés des environs d'Alger. Une bonne route muletière, bien tracée, rendrait de grands services à toutes les populations du pays.

Ces montagnards, ayant fort peu de terres arables, et ces terres ne produisant pas assez pour leur consommation, sont obligés de s'ingénier pour gagner leur vie ; il paraît qu'ils sont assez habiles dans le commerce, le maquignonage des bestiaux. Quand les Kabyles se seront faits à nos figures, ce qui a déjà commencé, ils seront d'une grande ressource pour nos colons ; déjà ils ont presque tout le monopole, comme journaliers et moissonneurs, chez les Arabes et surtout chez les Maures. Je suis étonné qu'on n'ait pas tenté de faire dans certains endroits des villages kabyles ; ce serait, je crois, un moyen de plus de les absorber, sans dépenses de poudre et surtout de sang.

Ah, bon ! chacun son tour !... voilà Hamed, qui, depuis quelque instants, avait des difficultés avec sa mule, dégringolant, pieds par-dessus tête, dégringolade et culbute complètes, sans pantalon et la tête la première !... horriblement vexé, il tombe avec fureur sur sa bête à coup de pieds et de poings ; le malin Saïd rit, par derrière, de l'accident.

Nous arrivons à la fontaine, dont je vous ai parlé, et nous y faisons une halte ; Michto, fils d'Hamouche et de Fathma, nous accompagne à pied, le fusil sur l'épaule ; ce gaillard-là a des jambes de fer ; il est toujours en avant. Nous cassons une croûte de pain, fait à la mauresque, aliment rare et de luxe en Kabylie, et mangeons quelques figues sèches : la fontaine est là : les bêtes essaient de raser le sol.

A une demi-lieue des Beni-Hamed, nous nous détournons pour aller voir où en sont de leur travail des ouvriers tuiliers, qui font des tuiles pour remplacer celles qu'a cassées le capitaine. Ils ont creusé une petite mare où ils ont fait arriver une rigole. Un Kabyle est au milieu ; il pétrit la terre avec ses pieds, puis la passe par-dessus bord avec une pelle en bois ; un autre Kabyle hisse et soutient ladite pelle à l'aide d'une corde ; les autres mettent en forme et exposent les tuiles au soleil. Elles ne sont pas trop mal faites.

Qu'ont-ils donc ? ils réclament ou se disputent, criaillant tous à la fois, en s'adressant à Hamed. Ce sont des Sidi el-hadj Hamed par ci, Sidi el-hadj Hamed par là, à vous casser la tête, sur un ton de voix strident et élevé... En voilà un surtout, un vieillard de haute taille, au torse et aux membres magnifiques, une espèce d'Apollon Hercule, qui se démène comme un possédé. Il a un type de figure antique.

Nous rentrons aux Beni-Hamed vers trois heures de l'après-midi ; nous avons été plus vite en revenant qu'en allant ; c'est qu'il y avait plus à descendre qu'à monter, et que du reste nous n'avons pas flâné. La petite Dabia m'attend, son gros polisson de frère sur le dos ; c'est une chose surprenante que la force de ces petits êtres ; elles portent des fardeaux plus lourds qu'elles-mêmes.

La famille d'Ayini bâtit une petite maison : les deux frères posent les pierres et maçonnent avec les mains ; Ayini (yeux) leur passe des boules de terre mouillée et pétrie, qu'elle prend dans un tas ; le tout se fait en jasant et en riant ; leur vieux bonhomme de père est occupé à les regarder faire.

Dans la soirée, et pendant que tous les hommes sont à courir, je ne sais où, Fathma a la visite d'une jeune fille, assez jolie, mais mal ou même pas peignée du tout, et, comme toutes les autres, très-malpropre de vêtements ; — je crois qu'elle ne vient que pour me voir : curiosité de jeune fille. Elle voudrait bien avoir les boutons de nacre de mon gilet ; mais je ne puis avoir un gilet sans boutons ; elle a dans son collier un bouton de soldat portant le numéro 22. Je lui fais voir ma montre et ses petits tics-tacs. Par un mouvement de son bras, le haut du vêtement se dérange, et, près de son épaule, j'aperçois une plaie vive : elle est due à la malpropreté ou à quelque maladie de peau héréditaire. Si nos moyens médicaux pouvaient pénétrer dans les populations de ces montagnes, quels immenses services ils rendraient ! j'y ai bien pensé ; cela ne serait pas impossible, par l'intermédiaire de nos chères sœurs. Si Auguste était avec moi, quelle **clientèle** !

Une pauvre jeune mère m'apporte son enfant ; elle me le montre d'un air désolé. Le petit malheureux a le ventre ballonné et le teint amaigri ; elle me demande un remède. Je n'ai rien ; je lui donne du café ; cela ne peut pas lui faire du mal. A un autre voyage je me munirai de quelque panacée médicale. La mère me fait remarquer que c'est un petit garçon ; il paraît qu'elle s'imagine que cela m'intéresse bien plus que si c'était une petite fille. Il est arrivé quelque chose en ce genre au capitaine.

A la suite d'une razzia, une vieille femme, appartenant à son goum, lui fit demander un morceau de couverture, pour couvrir contre le froid de la nuit un petit garçon, ramassé au hasard dans les bagages des vaincus et que personne ne réclamait. Dans la soirée, le capitaine voulut voir l'enfant ; il était abîmé par la misère et dévoré par une affreuse vermine, qui lui avait déjà entamé la peau derrière les oreilles. Mon capitaine, qui n'est pas cependant trop tendre, eut pitié de la petite créature. Elle fut confiée à une bonne âme de la Smala. Mais ne voilà-t-il pas que, débarbouillé et soigné, le petit garçon se trouva être une jolie et gentille petite fille, souriant, pour la première fois de sa vie, peut-être, à ses nouveaux parents. On lui trouva une nourrice, car elle n'avait pas un an, une chèvre. On l'aimait déjà pour sa gentillesse et ses grands regards attachants ; elle avait bien vite fait connaissance avec son nouveau monde, elle, qui n'avait connu jusque là que la misère et l'abandon.

Tout allait pour le mieux, lorsqu'un soir elle s'endormit, mais ne se reveilla plus, en ce monde du moins. La misère l'avait atteint mortellement ; elle n'avait vécu un instant que pour remercier ses hôtes.

La vieille avoua son innocent mensonge. Elle l'avait fait, dit-elle, parce qu'elle avait pensé qu'on ne refuserait pas pour un petit garçon ce qu'on aurait refusé peut-être, pour une petite fille. Ce n'était qu'une fille ; pas plus d'importance qu'un petit poulet égaré, à peine sorti de sa coque ; qu'un petit chat venu de trop et jeté au pied d'une borne.

Quand Hamed et les autres sont rentrés, je reparle à Hamed de Lella Khedidja et lui rappelle la promesse de son père ; je veux absolument aller visiter cette dame sur son tamgoutte (pic) et j'irai. On tient conseil ; Saïd ne veut pas ; pourquoi ? je l'ignore. Idir, que j'ai retrouvé, est pour moi, Hamed hésite.... il est courageux, et, au besoin, résolu, décidé ; il ne me paraît pas aussi rusé politique que son père, mais je crois qu'il aurait le caractère droit et ferme.

Je vais mettre le feu aux poudres, et, d'un mot, enlever la chose. En effet, je lui dis, non pas un mot, mais trois mots : « As-tu peur ? — *Ia Allah !* « allons » répondit-il. Pour éviter la chaleur, qui est excessive, ou peut-être par prudence, car les Beni Melikeuchs ne sont pas loin, nous monterons donc au fameux tamgoutte, quand la lune sera levée.

En effet, vers dix heures du soir, après avoir mangé le kouskoussou, nous nous mettons en route. Mouffoc, le frère de Sidi-Djoudi ; Hamed, son fils ; Saïd ; Michto, l'aîné des fils de Fathma, et deux autres Kabyles, Soliman et Ali. Ennekamfouss.

C'est aujourd'hui la fête de Louis.

Nous commençons à gravir ; pendant une heure, ça va assez bien ; mais j'ai fait la bêtise de mettre en manière de ceinturon le baudrier de mon sac de chasse, après lequel il y a une espèce de giberne, remplie de poudre et de plomb ; j'ai, de plus, mon fusil et mon burnous noir ; tout cela réuni me gêne ; Puis, la montée devient rude. Après deux heures d'ascension, nous traversons le massif de cèdres, que j'ai aperçu d'en bas ; puis, halte de quelques minutes ; je suis à nage. Ces Kabyles allongent le pas comme des dératés, Mouffoc et Michto, surtout ; cependant celui-ci est venu aujourd'hui avec nous, à pied, de Thelintesserthe. Un ou deux seulement ont leur fusil.

A partir des cèdres, la montée est à pic et jonchée de pierres roulantes et anguleuses, de toutes grosseurs. Elle n'est cependant pas dangereuse en ce sens qu'on voit où on va et qu'il n'y a pas de précipices. Il y a très-longtemps que je n'ai marché sur les montagnes ; aussi j'éprouve une grande fatigue et une certaine difficulté à marcher, venant de ce que l'une de mes bottes s'est ouverte sous l'orteil et laisse cette partie exposée aux pointes et aux tranchants des pierres ; jugez quelles jouissances !

Enfin nous arrivons à une portée de fusil du pic. Là, nous nous arrêtons, non loin d'un petit cèdre, et nous nous étendons sur les rochers ; — en voilà un lit, dont les plumes vous entrent dans le dos ! Je suis éreinté et, de plus, trempé de sueur ; or, l'air est froid et vif ; je n'ai qu'un habit de velours, un petit gilet de mince flanelle et mon burnous noir, assez bon pour préserver un peu de la pluie, mais pas du tout du froid. Si je n'attrape pas une fluxion de poitrine, j'aurai du bonheur ! — C'est un danger sur lequel je ne comptais guère ;... ce que c'est que l'imprévu ! je me passerais bien de celui-là.

Il peut être une heure du matin ; je m'endors. Je suis bientôt réveillé par la voix de Hamed, qui m'appelle. — Il ne fait pas encore jour quand nous achevons l'ascension.

Me voilà enfin sur la cîme culminante du Tamgoutte de Lella Khedidja ! cîme du plus haut pic du Djurdjura !

Le soleil va se lever.....

Quel spectacle ! quel panorama ! — Ni la plume, ni le pinceau ne pourraient le dépeindre, en donner même une idée. Il faudrait pour cela un Dieu d'imitation, comme il y a un Dieu de création... Vers la mer, l'infini ; sur la terre, autour de moi et à mes pieds, les silhouettes noires et désordonnées d'immenses et gigantesques amas de montagnes ; — Derrière l'horizon, des nuées de vapeurs donnent à la lumière du soleil éclosant une teinte rougeâtre, comme s'il était encore lui-même inachevé. Il me semble que j'assiste à la formation, à la création du monde, qui naît du chaos et se forme à mesure que le soleil, se dégageant et sortant de ses langes ténébreux, l'éclaire en montant vers les cieux ! — Le bon Dieu demeure bien haut ; mais aussi il doit avoir une bien belle vue. J'ai beau regarder vers Alger : je ne vois pas ma terrasse, il paraît qu'elle est bien petite ; cependant je la croyais si grande ; je m'y vois encore moins me promenant ; il est vrai, que ce n'est pas mon heure.

Il fait grand jour. L'arrête du pic n'a pas vingt mètres de long sur un, deux et trois, de largeur ; elle est formée de couches presque verticales et feuilletées de roches vives. Je visite trois petits marabouts construits dans ses anfractuosités, en pierres sèches et recouverts de tiges de jeunes pins et de pierres plates, en guise de tuiles. L'un d'eux, le plus grand, à l'extrémité nord-ouest du pic, est sur le bord d'un précipice effrayant par son aspect et son immense profondeur ; c'est un affreux gouffre de roches nues, aiguës, anguleuses, sans la moindre végétation. Tout mon monde est fort affairé. Mouffoc, Hamed, Saïd sont en prière. Les prières finies, ils descendent, chacun à leur tour, dans un trou, au fond duquel ils grattent et recueillent fort pieusement un peu de terre, qu'ils serrent précieusement dans un coin de leurs draperies ou de leurs mouchoirs de poche,... ceux qui en ont ; car, soit dit en passant, ils ne s'en servent, pour se moucher, que quand ils sont en société de Français. Ce trou est le *sanctum sanctorum*. C'est là où Lella-Marabouta Khedidja se reposait.

Le souvenir de Lella Khedidja se perd dans la nuit des temps : c'était une sainte femme, qui guérissait les malades et avait la main toujours ouverte pour les pauvres. Quand, du haut de son tamgoutte, elle voulait aller faire quelque promenade en Kabylie, elle s'asseyait sur une pierre, et...., partez, muscade !.... Inventez donc la vapeur et les ballons ! — Je vous donne la chose comme Idir me l'a donnée, sans vous forcer d'y croire et surtout vous la garantir.

Nous ne restons qu'un instant ; tout le monde s'en va ; c'est aujourd'hui vendredi, jour de pèlerinage ; des Beni Melikeuchs peuvent arriver d'un moment à l'autre, et alors bataille !.... Décidément, ils sont fatigants, ces Beni Melikeuchs.

Moi, qui ne tiens pas à ramasser de la terre, je cherche des fleurs, mais ne trouve rien que le roc, et toujours le roc, en gros et petits morceaux !

J'aperçois cependant à mes pieds, au bas du rocher, un petit tapis vert de mousse : là il doit y avoir quelque chose... deux sauts de haut en bas... et m'y voilà. — Cherchons ! — Oh ! une petite fleur, toute petite, inconnue... une deuxième encore, un œillet mignon et microscopique, puis plusieurs autres, razzia complète. Ce petit trésor est tout entier à moi : les touristes, qui viendront après moi cette année... s'il en vient... ne trouveront plus rien ; tant pis pour eux, ils repasseront l'année prochaine !

Je date deux lettres, une pour toi, Louis, une pour toi, Auguste, et à chacun sa fleur ; nous n'avons plus de père et nous étions bien jeunes, quand notre pauvre mère a rendu le dernier soupir entre nos bras.....

Me voilà seul ;... mes compagnons ont disparu. La voix de Saïd clame dans la solitude et m'envoie des hoh-hoh ! d'appel. Tu m'ennuies ; je descends ! — Bon ! le voilà qui remonte ; les autres l'ont envoyé me chercher : il faut bien redescendre.

A quelques distance, Saïd me fait remarquer un Kabyle qui monte d'un autre côté. Il prétend que c'est un Beni Melikeuch, l'avant-garde d'autres. Allons, de la prudence; ne compromettons rien.

Il m'est absolument impossible d'aller vite, toujours à propos de botte, sans calembourg; je suis obligé de choisir mes pierres pour poser les pieds, comme un oiseau ses branches. — La pente en est jonchée ; j'en ramasse trois comme échantillon de la montagne.

Saïd se permet de me plaisanter ; ils ne comprennent pas qu'on ait les pieds délicats, eux qui, à force de marcher pieds nus, ont la plante des pieds garnie de corne ou au moins de cuir tanné. — Voilà deux ou trois rochers à une certaine distance l'un de l'autre : « Ah, tu crois qu'on n'a pas de jarrets ! Tiens, regarde, mauvais plaisant, et fais-en autant, si tu peux, si tu l'oses. » — Un « mleah » bien, de Saïd applaudit la bravade, et puis... »

Il n'y a rien comme la misère pour vous donner du courage : ma botte est trouée; je marche la plupart du temps sur l'orteil, presqu'à nu ; eh bien ! cette circonstance fait que je brave les Beni Melikeuchs ; que le diable les emporte ! je n'en parlerai plus. — Si j'avais de bonnes semelles, je ne pèserais pas deux onces et décamperais promptement. Je voudrais bien avoir la plante des pieds moins civilisée. La botte est décidément un abus ou une erreur de la civilisation, puisqu'à cause d'elle, je puis à peine marcher et suis exposé à être occis, je n'ai pas mon libre arbitre, ma liberté, tandis que mes Kabyles marchent, courent et sautent comme des daims.

Nous arrivons sous les cèdres ; je me détourne en apercevant, non loin, dans un endroit abrité, un petit semis naturel de cette essence, pour aller y couper à votre intention deux cannes : des cannes de cèdre du Djurjura..., c'est rare ; ce seront les premières, sans doute, qui se seront promenées en France. Quoique le semis soit épais, je ne puis cependant pas trouver un seul *brin* qui soit parfaitement droit. J'en coupe deux ; puis, je rejoins mes hommes, qui m'attendent assis sous l'ombrage d'un cèdre énorme. Je le mesure ; il a sept mètres de circonférence. Il doit être un des plus vieux habitants de la montagne. C'est un vétéran éprouvé, sûr de lui, au torse robuste, au port majestueux, aux bras de géant fortement attachés et noués, défiant les intempéries des temps, bravant la foudre, *ancien*. Un de ses fils, de bonne mine, un beau *moderne*, s'élance et s'étale à ses côtés, protégé par sa puissante stature. Michto met le feu à un vieux tronc creux de cèdre mort; il est énorme; comme nous n'avons pas eu de feu en haut, c'est pour qu'il ne manque rien au pèlerinage. Bientôt la flamme devient furieuse, intense; elle mugit et s'élance dans l'air par le haut du tronc; elle fait craquer l'écorce, la troue et la dévore. Un pauvre jeune chêne vert, son voisin, est rôti dans un clin d'œil; imprudent. *Baliveau.* Il repoussera de souche.

Je prends les noms de chacun de ceux qui sont avec moi et les inscris sur mon calepin. Nous continuons à descendre; je reste en arrière. Hamed me fait demander mon fusil pour tirer quelque chose, et je le lui envoie. Je voudrais encore un cèdre: en voilà, mais ils sont trop gros; je monte sur un jeune et lui coupe le haut de sa tige; ma foi, elle repoussera comme elle pourra; je ne pense pas que le Code forestier soit ici en vigueur; d'ailleurs je ne vois pas de garde. Ça viendra.

Je rejoins mes gens. Hamed me rend mon fusil: je crois qu'il a voulu m'éprouver. Nous voilà en bas; nous traversons un petit ruisseau; une partie de ses eaux, détournée un peu plus haut, court dans un petit canal allant faire mouvoir un moulin, sis un peu plus bas. En passant auprès d'une espèce de réservoir naturel d'eau limpide, je m'y lave les pieds, puis les jambes, puis mon tout. Nous rencontrons, non loin de là, un gourbi; des femmes nous apportent du lében ; comme je m'en donne !

Nous rentrons ; je n'en suis pas fâché et je profite de ma journée pour vous écrire et prendre quelques notes, assis sur une pierre dans la cour, ayant pour pupitre le dos d'un plat kabyle. — Saïd m'apporte en présent un petit vase kabyle. Je partirai demain, car il n'y a pas moyen d'aller plus loin ; je suis pris par les pattes ;... mon pied passe à travers ma botte.

La pauvre vieille Fathma m'a pris en affection ; elle a fait toilette ; elle s'est peint le dessous des yeux avec une substance noire ; elle en a trop mis, aussi la teinture a coulé sur son visage et lui a fait une ou deux rigoles noires, sans qu'elle s'en aperçoive, ce qui ne l'embellit pas sous le rapport de la propreté : c'est un détail de la toilette des femmes et des filles kabyles, que j'avais oublié. Les mauresques ont ce petit moyen de coquetterie, mais elles l'emploient avec beaucoup d'art. Fathma me demande de lui écrire quelque chose ;... est-ce que décidément elle me prendrait pour un marabout ! que lui écrirai-je ?... Si elle était jeune et jolie, et surtout propre, je trouverais bien quelque chose ; elle n'est pas laide, mais ridée, maigre, sèche, quoique paraissant encore pleine de vie... elle me donne, presqu'en cachette, des œufs durs pour la route.

Oh ! quelle inspiration ! — Je lui écris sur un papier : « Ave Maria. » Je le plie comme une toute petite lettre, le cachète en cire bleue et le fourre dans son amulette : Mahommed fera peut-être la grimace ; mais tant pis pour lui. Après tout, qu'est-ce qu'il ferait de la vieille Fathma dans son aimable et séduisant paradis, puisqu'il n'y veut que la jeunesse et la beauté. On n'y fait ni kouskoussou, ni galette sans beurre, et la pauvre Fathma n'est plus bonne qu'à cela, pour moi, du moins.

Je fais mes adieux à tout le monde : Hamed me demande si je veux de l'argent ;.... je lui montre mon or.

Samedi, 27 août 1855.

IDIR me réveille bien avant l'aurore : je mets mon porte-manteau et la fameuse peau de panthère sur ma bête ; je prends mon fusil, mes cèdres et mon petit vase en terre. Idir monte sur son petit vieux cheval blanc, qui va toujours sans boire ni manger, et nous voilà partis précédés de Michto, à pied. Nous descendons au clair de la lune le sentier escarpé, que j'ai déjà monté. Je reconnais mon vieil arbre.

Nous marchons pendant une heure, puis vient le crépuscule ; un instant d'aurore et tout de suite le soleil, qui surgit presque tout d'une pièce brûlant et éclatant. Nous cheminons montant et descendant à travers un pays couvert, c'est-à-dire peuplé de pins. J'en mesure un ; il a 1 mètre 35 centimètres de circonférence, à un mètre du sol. C'est la grosseur ordinaire des plus gros : ceux-là sont bien venus ; ils ont échappé, je ne sais comment, aux incendies. Ils sont, du reste, non loin du ruisseau, à l'abri des courants d'air. Idir prétend que dans les montagnes qui sont à la base du Djurjura, à une lieue de nous, il y en a de beaucoup plus gros. Quoi qu'il en soit, j'en vois partout à perte de vue dans la direction du Djurjura.

C'est l'essence par excellence de ce pays, à en juger par la persistance qu'elle met à pousser, malgré tous les accidents, toutes les causes de destruction auquels elle est exposée ; j'aperçois çà et là des semis naturels de jeunes plants d'un à quatre et cinq ans, d'une vigueur surprenante : c'est à satisfaire le forestier le plus difficile, même un ex-garde général de Saint-Dié et un conservateur actuel des eaux et forêts de Grenoble. Cette essence pousse, pour me servir d'une expression vulgaire, plus expressive que scientifique, comme du chiendent.

Si l'on abandonnait ces contrées à elles-mêmes, en les préservant toutefois de l'incendie et des troupeaux, dans quelques années elles se couvriraient d'une magnifique végétation de pins. Quoi qu'en disent les historiens romains, le sol de l'Algérie est presque partout, au Nord surtout, un excellent sol forestier.

Nous marchons environ trois à quatre heures dans un pays accidenté, ainsi boisé, en longeant le Djurjura, que nous serrons beaucoup plus près qu'en venant, laissant conséquemment la vallée de l'Oued Sahel à notre gauche. Il me serait très-difficile d'apprécier au juste la distance existant entre moi et les crêtes du Djurjura, parce que rien n'est trompeur et illusoire comme les aspects, sous ce rapport, dans les montagnes ; les différences rapides de transparence dans l'air, sont, je crois, la cause de ces illusions. J'aperçois, au bas du Djurjura, de petites montagnes et des vallées toujours peuplées de pins. Nous laissons à notre droite un pic du Djurjura, qui, s'avançant vers le sud, paraît se détacher un peu des autres ; il est presque entièrement couvert de cèdres jusqu'à sa cîme.

J'ai observé que les différentes essences forestières, dont est peuplé ce pays, sont ainsi disposées : sur les bords de la rivière viennent des blancs de Hollande très beaux ; plus haut, des frênes dont quelques-uns sont magnifiques ; dans la vallée, des oliviers ou greffés ou sauvages, des thuyas, des genévriers ; en quittant la vallée et en commençant à monter, encore des oliviers greffés, puis des pins, jusqu'à environ un tiers de la hauteur du Djurjura ; ensuite des cultures, des figuiers, des frênes, des chênes-verts et de maigres pâturages ; plus haut, aux deux tiers de hauteur, commencent les cèdres, qui vont presque jusqu'au sommet, pour peu qu'il y ait de terre végétale ; mais, à l'exception de deux ou trois pics plus ou moins tapissés de cèdres, tous les autres ne sont, vers leurs extrémités, que des crêtes, des pointes de rochers vifs et parfaitement nus. Je n'ai parlé que des essences principales.

Il serait bien désirable, pour la prospérité de l'Algérie, que ses montagnes soient reboisées, ce qui, du reste, est très-possible sans grands travaux, sinon facile. Ce reboisement aurait pour effet d'assainir le climat, de diminuer les ravages des torrents, et, de plus, de féconder la terre en faisant naître de nouvelles sources et en augmentant celles qui existent, dont les eaux tarissent en été.

Je voudrais bien que Louis, qui s'occupe de toutes ces grandes et intéressantes questions pour la France, puisse venir faire un tour en Algérie, pour voir ce qu'il y aurait à faire sous ce rapport. Je voudrais aussi savoir ce qu'il penserait des ressources présentes et à venir des forêts d'Algérie.

Nous filons rapidement au petit trop de nos bêtes et sans nous arrêter. Il fait chaud dans les gorges de ces montagnes. Le soleil est déjà bien haut. Je voudrais arriver d'assez bonne heure à Bordj-Bouïra, pour voir le marché arabe et kabyle qui se tient aujourd'hui sous ses murs.

Voilà mon fameux voyage qui paraît se terminer heureusement. J'ai été bien reçu chez les terribles Zouaouas, chez lesquels, jusqu'à moi, aucun chrétien moderne, avoué, n'avait pénétré ostensiblement. Ce sont vraiment des populations curieuses à étudier sous tous les rapports : origine, langage, mœurs, usages, etc. Je ne suis resté que quelques jours avec eux ; c'est bien peu, d'autant moins, que je ne connais que quelques mots de leur langue

Il paraît, d'après ce que j'ai pu voir par moi-même ou savoir par des conversations par interprète ou autrement, que tout y est différent que chez les Arabes. Le Coran est pour ceux-ci à la fois la loi religieuse et civile ; pour les Kabyles, il n'est que la loi religieuse, et encore.... La loi civile consiste en usages indépendants des lois du Coran ou de ses commentaires, et qui remontent par la tradition à la plus haute antiquité, à la législation romaine, peut-être. Ces usages, en certaines parties, ne seraient pas les mêmes, quelquefois, d'une tribu à l'autre ; ce qui pourrait bien indiquer aussi pour les tribus des origines différentes.

Quelle est l'origine des Kabyles ? C'est un problème qui, je crois, n'a pas encore été résolu. Sans me perdre dans la nuit des temps, je crois à peu près certain qu'ils ont eu des rapports intimes avec les Romains. La construction de leurs fontaines, les formes et les peintures de leurs poteries dénotent un certain goût, une certaine perfection dans les arts, de la part de leurs ancêtres, et rappellent les antiquités romaines : je dis de la part de leurs ancêtres, parce que tout, depuis l'invasion des Arabes est resté forcément stationnaire. Les Arabes, d'abord, ne savent rien faire de ces choses, et n'ont pu conséquemment rien leur apprendre. Du reste, les Kabyles ne les ont jamais soufferts chez eux, encore moins les

Maures et les Turcs. Ce n'est pas non plus dans les villes du littoral qu'ils ont pu, sous ce rapport, apprendre quelque chose, car on n'y fait rien de semblable. Leurs traditions leur disent qu'ils ont habité la vallée de l'Oued-Sahel et la plaine. Je ne sais même pas s'ils n'ont pas laissé leur nom à certaines parties de ces contrées. Je crois que, dans la plus haute antiquité, les montagnes du Djurjura étaient des solitudes couvertes de forêts ; elles ont dû commencer à servir d'asile, de repaire aux malfaiteurs des populations des plaines ; puis, ensuite, aux proscrits politiques et autres ; en dernier lieu, enfin, lors de la grande invasion arabe, aux vaincus qui n'ont pas voulu subir le joug du vainqueur arabe. Il y a, comme vous le voyez, des études fort curieuses à faire chez ce peuple, qui a perdu et dû nécessairement perdre de la civilisation donnée par les Romains, puisqu'il n'avait plus de foyer auquel il pût l'entretenir, la raviver.

On m'a assuré qu'il existe dans le Djurjura un chemin appelé chemin de la conversion. C'est là, selon une tradition kabyle, que ce qui restait du christianisme entouré, obsédé, miné par plusieurs siècles, aurait disparu momentanément devant l'islamisme, aurait même rendu le dernier soupir, sauf à ressusciter plus tard pour y revivre pour toujours.

Je crois que, malgré ses idées traditionnelles et pratiques d'indépendance, son énergie, toujours en garde et toujours prête à la défendre, le Kabyle acceptera assez promptement notre civilisation. C'est l'affaire d'une bonne et prudente administration, d'une sage et prévoyante politique, plutôt que de la force brutale ; c'est aussi par le moyen des routes auxquelles, le premier mouvement d'irritation passé, il s'habituera, d'autant plus vite, qu'elles lui servent beaucoup et permettent à des tribus, opprimées par d'autres jusqu'alors et se servant d'intermédiaires, d'écouler leurs produits et de faire leurs affaires elles-mêmes et directement avec nous.

Du point de vue de la conquête, c'est encore et toujours des routes. Le Kabyle est habitué, dès l'enfance, à la fatigue, à la rapine, à la guerre, soit de famille à famille, soit de tribu à tribu ; aussi le voyez-vous toujours le fusil sur l'épaule, prêt à combattre par colère, vengeance, passion, même contre un plus fort que lui. Mais il n'a pas d'armes contre une route qui marche lentement, froidement, fatalement, allant à travers les montagnes, renversant tous les obstacles, jusqu'au pic qu'il croyait inaccessible, où son village est situé ; il n'a pas d'armes contre un pareil ennemi, qui, tout en l'écrasant de sa puissance sous le rapport de la prétendue indépendance, facilite son commerce, son industrie, donne à ses produits une nouvelle et énorme valeur. C'est pour lui, en un mot, une nouvelle voie de bien-être.

J'ai été surtout frappé de l'utilité absolue de pacification, d'administration et de civilisation des routes, en traversant, il ·y a deux ans, la Kabylie, de Bougie à Sétif, par une route que M. le général Charron, alors gouverneur-général, faisait ouvrir avec une poignée de nos soldats, ayant à leur tête MM. de Lourmel et de Cicey, et cela, sans, pour ainsi dire, frais d'argent et de sang, route qui a pacifié toute cette partie de la Kabylie, comme par enchantement.

Les routes devraient donc désormais devenir les grands, les puissants pacificateurs de la Kabylie. Aussi ne saurait-on en faire trop. Je voudrais même que notre armée, qui réunit dans son sein tous les éléments de science et de capacité nécessaires pour cela, comme du reste pour toutes choses, fît, à titre d'essai, quelque part en Kabylie, un petit chemin de fer politico-pacifico-militaire, avec ce que coûterait, par exemple, d'après les prévisions ordinaires, *les frais et dépens* d'une expédition guerrière, y compris les dépenses ultérieures d'hôpitaux, les pensions pour bras et jambes perdus, cassés, etc. Je m'engagerais d'avance à souscrire à l'entreprise, pour un quart de mes appointements, la plus belle fille du monde ne peut donner que ce qu'elle a, sans comparaison ; que ce qu'elle a.... En vérité je trouve ce dicton d'une bien grande et bien sèche pauvreté, d'une bien grande et bien profonde misère de langage ; que ce qu'elle a.... Mais faites-moi donc le plaisir de me dire s'il existe, en ce monde, une créature si privilégiée, si merveilleuse, si pétrie, formée, vivifiée, animée, inspirée de merveilles les plus belles et les plus parfaites du ciel et de la terre, qui puisse, je ne dirai pas, donner plus, donner autant que le moindre brin de fillette, mais qui puisse tant seulement être comparée au plus petit bout du plus petit bout du petit bout de son petit doigt??? Que ce qu'elle a!.. O profanation!!!! (Ici plusieurs pages de points d'exclamation). Je suis convaincu que cette grande chose des temps modernes, les chemins de fer, opérerait immédiatement des prodiges de pacification, car cette fois, pour les Kabyles, ce serait le diable qui se mêlerait de la partie. Je ne parle pas ici des grandes lignes des chemins de fer, qui s'élanceraient vers le sud de l'Afrique; celles-là auraient pour prompt résultat de conquérir l'esprit et le commerce des populations de l'intérieur de l'Afrique; celles-là seraient destinées à transformer, dans un avenir prochain, toutes choses en Algérie et dans le reste de l'Afrique : affaires arabes; affaires de colonisation, de pacification, de civilisation; affaires, en un mot, de toute nature, bien plus puissamment, efficacement, rapidement, que les meilleures mesures d'administration, de politique et de guerre possibles et des meilleures.

En veux-tu, en voilà, et même n'en veux-tu pas en voilà encore et toujours sur cette matière; c'est que je suis sur mon dada, et puis aussi, vous le savez, quand une fois je suis en route....

Ainsi des routes et toujours et partout des routes, et cent mille francs placés en coups de pioches, à ouvrir des routes, rapporteraient, quant au présent et à l'avenir, de bien plus gros intérêts de pacification, qu'un million dépensé en coups de fusils et en coups de canons. Et d'ailleurs, désormais, l'achèvement de la conquête par les armes n'est plus rien, même en Kabylie, et il serait bien plus grandement glorieux et plus digne d'un grand peuple de l'accomplir par la puissance de la civilisation.

Je voudrais que notre civilisation pût agir sur les femmes ; l'a-t-on tenté ? a-t-on cherché les moyens ? La femme kabyle, malgré son asservissement, doit avoir, par le fait, au sein de la famille une grande influence ; la mère de pareils hommes, si elle entrevoyait notre civilisation, et cela n'est pas impossible, deviendrait pour l'avenir un instrument puissant, permanent, incessant de la civilisation. S'en est-on jamais occupé ? Avec de l'argent on pourrait bien des choses, et il y a des gens qui ne savent comment se servir du leur.

Nous arrivons vers dix heures du matin en vue du bordj ; nous apercevons le petit plateau, qu'il domine, couvert des burnous blancs des Arabes et des Kabyles, qui sont au marché. Une heure après nous y arrivons nous-mêmes. Il n'y a pas beaucoup de produits. Quelques peaux de moutons remplies de blé et d'orge, un peu de goudron récolté par les indigènes, dans les bois de pins, de l'huile d'olive, quelques bestiaux, bœufs, vaches, chèvres et moutons ; une boucherie en plein vent, où l'on tue et débite immédiatement les bêtes ; une quinzaine de petites tentes servant de magasin ou de boutique à des Mozabites et à des juifs, qui vendent de la mercerie, de la quincaillerie, de l'épicerie, des denrées de teinture et des tissus de coton : le tout fort commun. J'achète un haïck en coton pour Fathma ; Idir le lui portera à son retour.

Les mozabites viennent, en émigrants, du Sud. Ils habitent des villages et des villes situés à environ deux cents lieues d'Alger, sous un climat brûlant. Ils sont musulmans, mais sectaires ; ni maures, ni arabes, ils paraissent descendre des anciens peuples numides. Ils sont généralement de petite taille. Leur langage est mêlé de mots kabyles. Ils prétendent avoir été autrefois très-puissants dans le Sud. Leur pays n'est pas fertile et ne produit pas assez pour la consommation de tous. Aussi, beaucoup émigrent-ils, temporairement, pour aller se répandre dans les villes de l'Algérie. Ils y font le commerce en détail des tissus communs, de coton, et de petits objets nécessaires aux Arabes. Ils desservent surtout, et à peu près partout, les bains maures. On dit même qu'autrefois, avant l'arrivée des Français, ils en avaient gagné le monopole, à titre de privilège, dans des circonstances très-périlleuses et importantes. Les Espagnols de Charles-Quint s'étaient emparés du Fort l'Empereur et l'occupaient.

Il s'agissait de le leur reprendre. Ce n'était pas chose facile, car ils se battaient bien, les Espagnols, ils se battent toujours bien les Espagnols ; nos officiers de la légion étrangère en savent quelque chose, et si la nation, comme nation, semble s'engourdir et courber humblement la tête sous la tache rouge qu'elle porte au front, les fiers Castillans n'en conservent pas moins, cependant, individuellement, leur antique et valeureux courage, leur antique et valeureuse énergie pratique. On ne savait donc comment s'y prendre ; on était fort embarrassé. Les Mozabites, venus à Alger, se présentèrent et offrirent au Dey de lui remettre ledit fort, à condition qu'il leur concéderait à perpétuité, à eux, à leurs descendants et aux descendants de leurs descendants, l'exploitation des bains maures. Le Dey s'empressa d'accéder à cette proposition. Alors mes finauds, mes sournois s'habillèrent en femmes mauresques, se couvrirent de haïks, et, imitant la démarche et les manières des femmes, s'en allèrent en chantant et en poussant des yiou, yiou, yiou, yiou, yiou, yiou, yiou, yiou, yiou, yiou, yiou, yia (a très-long) sous les murs du fort ; puis là se livrèrent aux danses les plus voluptueuses, aux agaceries les plus séduisantes et excitantes aux regards enflammés des reclus en émoi. Trompés par leur petite taille, le son féminin de leur voix, car le chant des indigènes n'est qu'une espèce de gazouillement sur un ton très-élevé, mais très-doux et très-fin, comme le chant des abeilles volant, aussi le cerveau et le cœur exaltés, affolés par la privation de tous regards féminins et par les histoires de harem, les pauvres diables ne purent y tenir et aussitôt ouvrirent leurs portes et leurs bras, à deux battants; mais quand, dans leurs bras délirants, ils croyaient trouver toutes les suprêmes félicités de la terre et du ciel, du ciel de Sidi Mohammed, ils ne trouvèrent que les embrassements de la mort; ils n'embrassèrent que la mort, car chacun d'eux tomba aussitôt, le cœur percé d'un coup de poignard; et le Dey reprit ainsi son fort; l'histoire, histoire travestie, de Samson.

A Alger, par le fait, ils sont encore, à peu près seuls en possession de ce privilège, qui commence à leur être disputé par les mzytis. Ils ont, de plus, toujours, en fait, le monopole de la revente en détail des légumes, des fruits, du charbon, de l'huile, du savon indigène, etc.; leurs petits magasins, tout ouverts sur la rue, est plafonné, tapissé, en un mot, garni de tous les côtés, en haut, en bas, par ces choses : ce qui ne laisse absolument de place que pour la tête du marchand. Celui-ci est ordinairement d'une saleté parfaite et maculé par un peu de chaque chose de sa marchandise. Ils ont aussi le monopole des boucheries indigènes, où on ne vend guère que du mouton. Je connais un Mozabite, nommé Ali, qui a des entreprises de routes. Les Mozabites sont de mœurs douces ; beaucoup savent lire et écrire. Quand ils ont amassé quelque pécule, ils retournent se marier dans leurs pays. Ils reviennent quelquefois.

Quant aux juifs algériens, on les trouve partout, ici, où il y a de l'argent à gagner et, comme partout, ils ont toutes sortes de négoces, mais surtout celui des tissus de coton, en gros et en détail. A Alger ils exercent aussi quelques états, ceux de bijoutier, de ferblantier et de tailleur d'habits; mon tailleur, M. Stora, est Youdi ben Youdi. Comme ils appliquent tout leur génie au négoce, ils y réussissent parfaitement. On cite, à Alger, des fortunes considérables, amassées par les juifs, depuis la conquête. Ils ont dans notre ville, et presque à eux seuls, le commerce des tissus de coton et, à quelques hautes exceptions, celui même des nouveautés. En général, ils n'opèrent pas comme nos marchands; leur amour-propre n'est pas de même nature. Ils vendent à tout prix, pourvu qu'ils fassent un gain, si petit qu'il soit. Ils vendent même au-dessous du prix d'acquisition, s'ils entrevoient que cela puisse leur procurer d'autres ventes avantageuses. Ils sont tout à leurs affaires. Ils sont rangés et très-économes; mais charitables : ainsi les deux dixièmes, terme moyen, du prix de la viande vendue dans les boucheries, sont perçus au profit des pauvres. Cette institution de charité est très-remarquable et très-productive; on n'en voit aucun mendier. Ils ont une grande tendance à adopter nos lois et nos mœurs.

Ils se marient à la Mairie et font insérer leurs actes de naissance, etc., sur les registres de l'État-Civil. La plupart des jeunes gens parlent français et s'habillent à la française. Les jeunes filles des familles aisées vont à l'école française; elles parlent français, sans accent, ou du moins si elles en conservent un très léger, il n'est pas désagréable; elles se mettent aussi à la française, si ce n'est quelquefois une petite chechia pointue, posée sur la tête d'une manière fort originale.

Le juif Algérien a l'esprit de famille à un haut degré; il est en général, *de son vivant*, bon époux, bon père, etc., bon garde..... Tout cela est bel et bien, voilà les vertus; mais..... le petit commerce, le petit commerce, le petit commerce..... et puis les douros, les douros..... Si ce n'est pour quelques faillites, il ne paraît pas en police correctionnelle.

Sur ce marché, cependant, il n'y en a pas beaucoup. Idir m'assure même qu'il ne s'en trouve pas un seul chez les Zouaouas. C'est que chez les Zouaouas, aussi bons marchands qu'eux, il n'y a pas grand chose à gagner; c'est qu'aussi les marchés de ceux-ci étant hors de notre action, ils pourraient bien courir quelques dangers pour leurs marchandises, leurs douros et voir même leur peau. Or, ils évitent de hasarder aucune de ces choses MM. les Youdi beni Youdi.

A quelque distance est dressée une tente française, où le caïd, flanqué de son cadi et de son secrétaire, rend la justice et règle les difficultés. Je fais une petite visite à M. Tinel ; il veut me retenir à déjeûner, mais j'en aurais encore pour une heure, et je veux arriver cette fois à Dra el-Mizan avant dîner. Nous remontons sur nos bêtes.

Vers une heure nous arrivons à la source, dont je vous ai parlé. Nous nous y arrêtons pour déjeûner, prendre le café et faire boire nos bêtes. Idir, en passant au marché, n'a pas eu la précaution d'y acheter de l'orge pour nos bêtes ; il me répond, en riant, qu'elles mangeront à Dra el-Mizan. D'ailleurs son petit cheval blanc, qui a beaucoup de race, va toujours sans boire ni manger. Ces chevaux barbes sont, sous tous les rapports, quoiqu'un peu petits, d'excellents chevaux de guerre, et, si toute notre cavalerie légère en était pourvue, elle serait parfaite, nulle autre ne pourrait lui être comparée. Pour hâter ce moment et pour, tout à la fois, augmenter la production des chevaux et relever, exhausser leur taille, ne devrait-on pas, quand on envoie des régiments de France en Algérie, leur faire prendre des juments du midi de la France, qu'ils échangeraient, en arrivant, contre des chevaux.

Je casse une croûte de galette, que m'a donnée Fathma pour le voyage, avec la moitié d'un énorme oignon qu'Idir a acheté au marché ; je ne sais si c'est parce que nous approchons de Dra el-Mizan, mais je ne trouve plus si bon ce déjeûner.

Idir aurait fait un parfait écuyer servant. Il se

lève à des heures qui font frémir ; il a l'œil à tout ; ne laisse rien traîner ; pense à tout ; ne perd rien. Il n'a pas son pareil pour charger, équilibrer, et ficeler les bagages sur un mulet, en un mot empaqueter un mulet. Il est prudent. Il est toujours de bonne humeur. Il n'est pas de pure race kabyle ; c'est un petit-fils de métis. Du reste les individus de cette espèce humaine ne sont pas rares parmi les Kabyles ; il y en a même des familles dans presque tous les villages. Ils descendent d'esclaves nègres, des deux sexes, affranchis et qui sont blanchis successivement par des mariages avec les Kabyles de pur sang. Ils ont aussi, par ces mélanges matrimoniaux, perdu les traits caractéristiques de leur origine. Ils vivent dans la société kabyle, absolument comme les autres Kabyles et sans qu'il existe de la part de ceux-ci, aucuns préjugés à leur égard. Mêmes usages, mêmes mœurs. Vous voyez que, sous ce rapport du moins, mes barbares musulmans entendent l'esprit de charité un peu plus grandement et largement que nous. Ils ont formé de l'autre côté et près de Tizi-ou-Zou une petite tribu appelée Aklennes, nom générique donné aux peuples du Soudan, tribu qui fournit de bons cavaliers au bureau arabe.

Il naît très-peu de nègres en Algérie, presque tous ceux qui s'y trouvent, vendus par leurs parents ou même volés, ont été amenés du Soudan par l'intermédiaire des Beni-Mzab. En arrivant ils deviennent ou plutôt, ils sont faits musulmans, mais ils conservent toujours des pratiques et des superstitions payennes. Ainsi, tous les ans, au printemps, ils vont solennellement célébrer sur le bord de la mer, près d'Hussein-Dey, une grande fête, qui rappelle, d'une manière grossière et burlesque, il est vrai, les cérémonies et les sacrifices du paganisme. Rien n'y manque: chants accompagnés de musique instrumentale, c'est-à-dire de grosses et de petites caisses et d'énormes et bruyantes castagnettes en fer, parfums brûlés, aspersion d'eaux de rose, de jasmin, de nesri, de fleur d'oranger, danses cabalistiques et sacrées de femmes se surexcitant à l'état extatique et victimes sacrifiées. La principale victime, sans parler des moutons, et d'un nombre incalculable de coqs et de poules, est un malheureux taureau, ou plutôt, un malheureux bœuf couronné de fleurs, qui est promené à grand orchestre et solennellement, précédé de femmes dansant. La pauvre bête, après avoir eu tous les honneurs de la fête, tombe, égorgé, sous le couteau du sacrificateur. Alors les femmes, énivrées d'exaltation et de danse, courent comme des folles se précipiter dans la mer, d'où elles sont repêchées et ramenées en triomphe, mouillées et trempées comme des canards, mais sans autre accident; le sacrifice est à son comble et le tapage et le bacchanal sacrificatoires aussi. Après, on ne fait plus que boire et manger et se coudoyer. Cette fête est le rendez-vous de toutes les mauresques émancipées d'Alger, celles qui se permettent de sortir de leur maisons. Les mauresques de la vieille école, appartenant à de bonnes maisons, ne sortaient jamais et n'avaient pas d'autres promenades que leurs terrasses, entourées de murs élevés, mais percés de petits judas. La dernière fois que la femme de Sidi Mustapha Kaïd Ali, gentilhomme maure, de manières très-polies, sortit, et c'était pour aller se faire enterrer, elle n'avait pas mis le pied sur le seuil de la porte depuis vingt-quatre ans, c'est-à-dire depuis le jour où elle y était entrée.

Dans les fêtes à domicile, c'est le même caractère, la même couleur. Les nègres se livrent avec un sérieux et une naïveté comiques, les hommes à des danses guerrières extravagantes et hommes et femmes à des danses cabalistiques et érotiques des plus énergiquement et consciencieusement expressives et imitatives. Tout cela a une odeur bien marquée, tout d'abord, de nègre, puis de culte et d'exaltation fanatique dans l'accomplissement d'exercices ou d'actes religieux.

Les nègres, hommes et femmes, sont traités avec beaucoup de douceur par les Maures. Aussi leur état chez eux devait-il être plutôt une douce domesticité qu'un esclavage réel ; c'était même une domesticité de luxe, que ne pouvaient se donner que les familles aisées.

Les négresses surtout sont affectionnées et particulièrement bien traitées par les femmes mauresques. Il se mêle à cela quelque peu de superstition et quelque peu de petit intérêt. Ainsi, étant libres, elles peuvent faire les petites commissions, porter les petits messages de femmes à femmes, les petites nouvelles, les petits *on dit*, etc. Au bain ce sont elles qui soignent et accommodent femmes et enfants. Et puis beaucoup des filles du désert, au teint brûlé, ne sont-elles pas tant soit peu sorcières ou au moins devineresses?

Tous les mercredis, de grand matin, on peut voir des mauresques s'acheminant lentement, doucement et silencieusement, vers l'extrémité de Bab-el-Oued, et, arrivées à la hauteur du petit pont, situé un peu après l'hôpital du dey, disparaître tout-à-coup à travers les rochers. Là, sur la plage, est un lieu mystérieux arrosé par six sources, sourdant goutte à goutte des rochers. C'est Ayoun beni menad mta nechera (1); c'est le temple à ciel ouvert, aux pieds descendants dans la mer, des sacrifices aux Djins de la contrée, (esprits, génies des fontaines ou des mers?) c'est leur rendez-vous; c'est la cour du diable, le lieu du sabbat. Chaque mauresque vient leur offrir en holocauste un coq et une poule, six petits cierges et de l'encens, mêlé à je ne sais quelle drogue, lui pro-

---

(1) Sources des fils Menad, des Sacrifices.

mettant de plus, jour pour jour et an pour an, si elle guérit de ses maux ou de son mal, un mouton et même un bœuf. Le grand prêtre sacrificateur, vieux nègre grave et sérieux, égorge, sans prononcer le nom de Dieu, le volatil, plus ou moins maigre, plus ou moins peu tendre, ou plutôt plus ou moins dur, le laisse tomber sur le sable, consulte les convulsions et les pulsations dernières de son agonie, interroge la direction de sa tête, de ses pattes, etc., et rend des augures. Pendant ce temps, une des négresses, ses prêtresses, allume les cierges, brûle l'encens et en aspire la vapeur qui lui porte au cerveau, l'inspire et l'exalte. Elle entre en communication avec les génies. Elle est inspirée. Alors elle rend des oracles.

N'est-ce pas la sybille des temps antiques ?

La mauresque rapporte son coq et sa poule, plume, met au pôt l'objet du sacrifice, puis le partage avec les pauvres. Il est inutile de vous dire, je pense, que de pareilles pratiques sont défendues par l'islamisme ; fruit défendu !

Les nègres se façonnent assez bien au service militaire. Aussi pourrait-on profiter de cette disposition, de cette tendance de leur caractère, pour les attirer de leurs régions tropicales et en faire des soldats. Avec eux les petites expéditions dans le sud seraient d'abord très-possibles et ensuite très-utiles. Un Arabe de l'extrême sud, marchand de plumes et de peaux emplumées d'autruche et aussi quelque peu, je crois, de peaux noires vivantes, m'a assuré, qu'au Soudan, il y avait des tribus nègres chrétiennes. C'est un peu loin pour aller y voir, au moins cette année.

Mais, dites-moi donc de finir, car si je m'arrête ainsi à bavarder toujours, je n'arriverai jamais pour dîner et j'y tiens, à dîner.

Trois jeunes Kabyles voyageurs se reposent autour de nous; ils nous ramassent du bois pour faire du feu; l'un d'eux a l'air bien malade. J'ai fait acheter par Idir du raisin, mais il n'est pas mûr; j'en exprime le jus et je fais ainsi une boisson rafraîchissante. Pendant que nous prenons le café surviennent deux Kabyles, l'un sur une belle jument, l'autre sur un mulet : Idir les salue. Le premier est un caïd ; je lui offre du café très fort et très sucré, ainsi qu'au vieux, son père ; j'en donne aussi aux autres Kabyles. Au moment de partir, le Kaïd m'offre de monter sa jument : j'accepte, car je suis fatigué de talonner mon mulet ; il me recommande de ne pas me servir des éperons, la bête étant vive et la descente à pic. Arrivé au bas : « Un petit temps de galop, ma belle, » qu'elle est fine de bouche et d'allure ! qu'elle est vive ! J'ai bien envie de planter là mon Kabyle et de décamper avec sa bête ; il viendra la chercher à Dra-el-Mizan ; cependant je la lui rends. Je m'aperçois que la petite gourde que m'a donnée Louis, et dont je me sers toujours en voyage, est cassée ; cet accident me chagrine. Nous descendons la vallée dont je vous ai parlé, par un soleil accablant.

Nous arrivons à Dra-el-Mizan vers quatre heures et demie : cette fois, avant dîner. Il y a quelque chose d'extraordinaire. On me dit qu'on attend deux généraux, en tournée d'inspection, et que le capitaine est allé au-devant d'eux. Mais j'apprends bien d'autres nouvelles, des miennes, très alarmantes, des plus alarmantes : j'ai eu, sans m'en douter, la tête coupée par les Kabyles, sinon, j'ai, au moins, été dévoré par les bêtes féroces, au choix. C'est, me dit M. Devaux, la petite nouvelle du jour, parmi les amis et connaissances d'Alger. J'avais dit à M. le Conseiller, doyen de la Cour, de doyen à doyen, que je partais pour quatre ou cinq jours, et qu'en revenant je lui rapporterais de ma chasse; l'achetant toujours, je suis toujours certain d'en avoir. Or, cinq, six, sept, huit, neuf, dix jours se passent et il m'attend chaque jour à dîner; et je ne reviens pas. Des bruits alarmants courent sur mon compte. Inquiet, il va chez le procureur général sonner l'alarme. — Sur ces entrefaites on trouve un pauvre diable étendu près du Fondouck..... on l'examine. Il a sur le bras, gravé au tatouage, un cœur enflammé percé d'une flèche ; c'est notre juge, s'écrie M. le substitut K., doué d'une profonde connaissance du cœur humain, y compris le sien. Mais, ajoute je ne sais qui, notre juge était un brun, pas beau, et celui-ci est roux flamboyant, et, si on a vu des cheveux noirs devenir instantanément blancs, et même des blancs devenir noirs, on n'en a jamais vu changer de n'importe quelle couleur pour devenir...... « Président », dit une voix inconnue, « mange le kouscoussou chez les Zouaouas. »

Une calèche amène au galop MM. les généraux escortés brillamment de spahis fantasiant. A dîner, je vois, devinez qui? je vous le donne en cent, en plusieurs cents, en plusieurs mille : M. Noizel, qu'Auguste a connu commandant du génie à Sédan, et M. Chabaud Latour, que Louis a connu à Grenoble !

M. Noizel me parle de notre père, dont il se rappelle, et d'Auguste, dont c'est demain la fête. — M. Chabaud m'apprend que Louis vient d'être décoré. Jugez de ma joie !

Comment trouvez-vous mon voyage, et la fin surtout? ne vous disais-je pas, en partant, que le jour était de bon augure ! Il n'y a que la foi qui sauve !

Te Deum !
Ave Maria !

Adieu, je vous embrasse de tout cœur.

T. S. V. P.

Mais, un instant; ce n'est pas encore fini, et la morale donc! je ne vous en tiens pas quittes, d'autant qu'il y en a peu dans mon récit, en apparence du moins, et il n'y a rien de cela. Or, voilà celle de mon histoire ; rassurez-vous cependant. elle ne sera pas longue :

C'est que :

Hors de l'Église, il n'y a pas de salut,

Et que tout est possible avec :

La Foi, l'Espérance et la Charité

AMEN.